艺术类高考系列丛书

表演专业考试完全攻略

曹 俊 编著

中国传媒大学出版社
·北京·

序

转眼间,我带的1996级表演班毕业都十年了,我应出版社之邀给他们班出一本合辑,于是便让曹俊也写一篇自己十四年来在表演艺术上学习和创作的总结之作,他欣然答应了。不过在临挂电话之前,他告诉我他也即将出版一本关于表演专业考前辅导方面的书,希望我能帮他看一看,然后帮他写一个序。我想这是一件好事,没有理由拒绝,所以很高兴地答应了他。

在仔细翻阅了他的书稿后,我惊喜地发现我的这个学生经过十年教师生涯的历炼,已经让我有些刮目相看了。我还依稀记得当初他毕业时想去广院教书,战战兢兢来我家请教我的情形:当时他拿着精心准备的试讲内容在我面前和我一起逐字逐句推敲,怀着忐忑的心情问我的各种意见……但是看着眼前的这部书稿,我了解到,这十年来,曹俊在表演专业的积累和沉淀上又已经有了很多的成长。尤其是在表演专业的考前辅导上,他还是有着不少宝贵的经验和独到的见解的。

在书中的表演训练这个环节,曹俊专门针对没有太多时间参加考前辅导的考生,介绍了一些一个人就能完成的表演素质训练的小练习。这些小练习不但浅显易懂,容易掌握,而且对提升表演素养也非常必要和实用。在这点上,曹俊想得很周到,顾及到了考生的各种实际情况,这是以往此类书籍中所不具有的。

在跟我谈这本书的时候,曹俊还一直担心会与同类书籍雷同,特别希望自己的书能做出些与其他同类书籍不同的地方。不过他的担心我没有,我一直都认为即使是相同的题目和主题,如果让不同的几个人来写,肯定也是好几个样子。写作这样的书,我认为最重要的还是作者的视角和他所关注到的读者群是谁。

显然,曹俊在这些方面是花了很多心思的,书中他按照表演专业声、台、形、表四个方面的考试内容对考试进行了全面总结,把考生们最为关注的一些问题分门别类地提炼了出来,并进行了非常详尽的解答。这些问题的总结和解答对考生都能有着极大的实用性的帮助。

我很高兴我的学生在从事表演和教学工作十年之际，写出这样一本具有总结性质的书。在书中，他把自己的考学经历和招考经验拿出来与考生分享是非常可贵的。相信这些宝贵的信息一定能让即将参加表演专业考试的考生受益。同时在这里，我也非常希望曹俊在今后的表演教学工作中能积累更丰富的教学经验，早日能再出一本关于表演教学心得的真诚之作。

常莉
2010.6

常莉，中央戏剧学院表演系教授、硕士生导师、导演，享受国务院政府津贴。自1965年毕业一直连续任教至今。讲授"表演理论""表演技巧""舞台艺术语言基本技巧"等课程。译著《表演技巧》，专著《表演基础训练与戏剧演戏教学》，发表学术论文《儿童剧演员班表演教学初探》等。

曾经培养出章子怡、陈宝国、刘烨、袁泉、秦海璐、梅婷、曾黎、张彤、党昊、陈明昊、田征、李晓红、吴国华及郭涛、蔡国庆、许亚军等许多现今活跃在戏剧、影视领域的著名演艺明星。

前 言

十四年前,初春西湖边的中国美术学院校园一角,年轻而满怀理想的我正认真填写着中央戏剧学院表演系的报名表,那时的我看着表格上方"中央戏剧学院"的字样,心中充满了无限憧憬。

十四年过去了,当初懵懂的我教书育人都已有十年。如今又到了我校一年一度的艺术专业面试考试的时候,平日宁静的校园立刻被来自全国各地的考生和家长所充满,变得热闹异常。在前往考场的路上,我不由自主地就回想起了自己十四年前求学考学的心情,不禁感慨万分。

近些年,考生们报考艺术院校的热度可以说在急剧上升。就表演专业而言也是如此。据了解,2010年共有13668人报考了北京电影学院的10个院系,其中仅表演学院报考人数就达4219人,表演专业计划招生80人,录取比例达到53∶1,竞争激烈程度,用"惨烈"形容都不为过。不过在这茫茫考试大军中,可以说每年我都能在考场碰见一些对表演专业考试所知甚少和盲目参考的考生。

面对这种现象,我一直都很想把自己多年教学和招生考试的经验拿出来与考生分享,希望能帮助考生在备考时少走些弯路。但由于教学与创作任务的繁忙,书稿在不知不觉中就拖了近两年时间。不过这也正好让我有更多时间来思考,如何用学生最容易理解和获益的方式来写作这本书。因此在我给一些考生进行专业辅导的时候,我特别留意学生在备考方面存在的种种问题。通过与学生这样近距离的交流和一些问卷调查,以及和已入学的同学畅谈考学经历,我分析总结了表演专业考试方方面面的许多问题。

由于我把本书的受众群体定位在想学习表演专业的初学者这个层面,所以写作此书时我一直本着实用易懂的原则。在书中,我讲到了表演专业考试的所有环节,并且针对每一环节所能涉及到的所有问题,我也有详细的分析和阐释。

通过这本书,我希望考生能真正了解表演专业的考试,明确表演专业要求考生具备的技能和素养。同时在书中,我还为考生提供了一些考试案例和培养表演素质的小练习。并通过自己多年来积累的考场经验，剖析了考生与考官在考场上的各自心理状态，为考生揭开了表演专业考试的神秘面纱。

　　最后，作为一个过来人，我还有一些话想特别提醒考生。不要因为表演专业文化课要求低就认为表演专业的考试更容易。在历年考试中，都有一些考生选择表演专业是因为自己高中学习成绩不理想。这样的想法非常不妥，首先表演专业的考试只是侧重点不同，但并不意味着它容易通过。并且考生如果仅是迫于上大学的压力而非出于自己真正的喜好来报考表演专业，那么也很容易在之后的考试中遭遇"滑铁卢"，而且就算你很幸运地通过了考试，可能你也会在将来的某一天因发现自己不适合这个职业而感到后悔。

　　当然还有一些考生是怀揣着明星梦来报考表演专业的。这本无可厚非，但这些考生需要知道，演员其实是一个很辛苦的职业，所有成功的背后都需要演员付出很多的努力和艰辛，上学时如此，毕业后亦是如此。并且要切记，成为明星还需要机遇，你不得不面对的事实是，那些在台前闪耀的人永远都只是少数，更多的人是那些默默支撑起整个艺术大厦的普通艺术工作者。

曹俊

2010.6

目 录 Contents

朗诵考试 / 1
  应试篇 / 1
    朗诵考试问题集锦 / 1
  练习篇 / 6
    一、剧本节选 / 6
    二、小说节选 / 10

表演考试 / 15
  应试篇 / 15
    一、表演考试问题集锦 / 15
    二、表演专业考试题型、题库 / 26
    三、历年考试真题 / 28
    四、往年考题实例点评 / 29
  练习篇 / 32
    一、表演基本素质自我训练 / 32
    二、应试小品示范和点评 / 39

形体考试 / 80
  应试篇 / 80
    形体考试问题集锦 / 80

声乐考试 / 87
应试篇 / 87
声乐考试问题集锦 / 87
练习篇 / 90
一、简谱视唱练习 / 90
二、节拍练习 / 91

口试和才艺展示 / 93
应试篇 / 93
一、口试和才艺展示问题集锦 / 93
二、口试艺术常识100题 / 95

附录一　考试必备资讯 / 102
一、著名艺术院校介绍 / 102
二、各艺术院校文化课录取分数线 / 107
三、应试流程全程讲解 / 113
四、决胜考场之外的温馨提示 / 124
五、各艺术院校报考咨询通讯录 / 136

附录二　考试心得 / 141

朗 诵 考 试

应试篇

● 朗诵考试问题集锦

1. 朗诵考试的目的是什么?

在社会生活中,语言是人类交际的重要工具。在话剧舞台上和影视作品中,语言是交代情节、揭示思想、展现冲突、刻画人物、感染观众的重要手段。演员所塑造的人物形象必须声形高度统一,这样的艺术形象才能栩栩如生。因此,艺术类院校表演专业的招生考试,对语言的考查十分严格。

表演专业通过对朗诵的考查,不仅可以了解考生的声音条件及其基本表现力,还可以了解考生对作品的理解能力、人物的塑造能力、内心情感的表达能力、语言节奏的把握能力等等一系列演员所需要具备的基本素质。

2. 朗诵考试的要求是什么?

(1)普通话标准

普通话,即"现代标准汉语"。是以北京语音为标准音,以北方话为基础方言,以典范的现代白话文著作为语法规范。如果考生有明显的地方口音,将不利于考生最终成为一名专业演员。因为语言是演员塑造人物形象的重要创作手段,如果你的语言不能被观众听懂,那又何谈让观众通过你的表演去理解剧情与人物的情感呢? 因此,对一个考生来说,说好普通话是考试的基本要求,这是一个专业演员的基本条件与前提。

(2)声音条件良好

声音条件如何,直接关系到演员对人物的塑造。每一个人的声音条件是不同的。有的人天生声音洪亮,穿透力强;有的人天生声音较弱,比较单薄。如果先天具备好的嗓音条件,那么将来的学习训练就会有一个好的基础。而先天嗓音条件不好,就要看是否具有培养性,通过后天的训练能否有所改观。声音可以各有特点,但音质要好。

(3)吐字清楚、口齿清晰

口齿不清主要是指口吃、气包音、音包字,以及翘舌音与平舌音不分、前鼻音与后鼻音不分等。考官们会针对考生的具体情况来进行深入了解,并考查他们在发音上的纠正能力,以此来断定考生在语言方面是否具备成为演员的基本条件。

(4)对作品有一定的理解与表现能力

对所选作品进行深入、细致的理解,是朗诵好作品的前提条件。只有在理解的基础上,通过自己的想象,用生动、饱满的激情将文字变为语言,才能将作品准确地表达出来。朗诵时考生可以在作品的基础之上进行艺术再创造,因此,对作品的理解与表达,就成了朗诵考试考查的重点。所以考生应具备透过所朗诵作品的文字表层,感悟作品深层意蕴的能力,能对所朗诵作品做到真正有感而发。

在朗诵考试这一环节,有的考生一上来就像背课文一样把一篇作品从头背到尾,几乎不带什么思想感情,连自己背的是什么都缺乏基本的了解,这样的朗诵又何谈语言的表现力呢?因此,考生一定要选择适合自己表现的朗诵材料,并对它进行深入细致的分析,挖掘出作品字里行间的意思,准确理解作品所要表达的内涵,只有这样才能够将文字化作自己的语言来进行表达。当然,能否准确地理解和准确地表达作品的思想内涵,还要看考生自己的文化修养、人生经验、艺术经验以及个人的素质和条件等因素。

3. 如何根据自身条件选择朗诵材料?

朗诵材料的选择对每位考生来说尤为重要,选材的好坏不完全取决于朗诵材料本身,主要取决于选择的材料是否适合考生,是否能发挥和体现出考生的长处。比如具有幽默感的考生可以朗诵具有喜剧、滑稽色彩的作品,富有激情的考生可以选择那些较为感人、催人泪下的作品,声音条件较好的考生可以选择较为有激情与力量的作品。总之,每个人在朗诵材料的选择上一定要"量身裁衣",要根据自己的实际能力来进行选择,切不可千篇一律,看别人朗诵什么感觉挺好,自己也跟风盲从。朗诵材料适不适合自己,会直接影响到朗诵的效果,朗诵材料选对了,朗诵考试就成功了三分之一。

4. 朗诵材料的选择应遵循什么原则?

(1)选择自己"看得见,摸得着"的作品

所谓"看得见,摸得着",就是指自己能够对作品有所体会,能有感而发,并且能够驾驭好的作品。同时作品最好能展现朗诵者的长处、特点与性格。

由于每个考生的文化修养、文学素养、生活经历、兴趣爱好以及个性特点等方面都不同,每一个人对作品的理解与感受都不一样。因此在选择作品的时候一定要扬长避短。像高尔基的《海燕》、朱自清的《荷塘月色》,它们都是文学作品中的经典之作,但对于一些年轻考生,尤其是应届高中生来说,想朗诵好这样的作品其实并非易事。因为如果你不能准确理解那个时代背景下人物的思想感情,又何谈表达作品深层内涵呢?有很多考生会凭着喜好来选择作品,可光喜欢不成,一定要认真考虑它是否真适合自己。

所以一味追求文学作品的深度并不可取,一些简单易懂的作品如果朗诵好,一样可以给人留下深刻印象。当年章子怡在考中央戏剧学院的时候,朗诵的材料就是舒婷的《致橡树》。章子怡当时是舞蹈学院附中的应届毕业生,这样的作品对她来说比较容易把握,加上她清纯靓丽的外表,给考官们留下了很好的印象。

(2)选择有品质的作品

选择有品质的作品。如果考生选择的朗诵材料读起来空洞、概念、晦涩、干瘪、平淡或者平庸,那么任你下多大工夫,都很难感染自身,当然更难打动考官了。

一篇真正好的作品,它不仅具有较强的思想性,而且还有着较高的艺术性。这样的作品大都结构严谨、情感饱满、语言生动、词句感人,可以激起朗诵者强烈的创作欲望,朗诵者也会在不断深入理解和感受的过程中,完成对作品较为理想的表达。

举例说,你所选择的作品只是一个可以打 50 分的作品,即便你的朗诵功力可以达到 80 分,最后顶多能有一个 60 分的朗诵成绩。反之,如果你所选择的作品可以打 90 分,如果你发挥出了 80 分朗诵功力,那么你的朗诵成绩一定不会低于 80 分。可见下大工夫选择一个有品质的朗诵材料有多重要。

5. 如何慎重对待每种朗诵体裁?

在朗诵考试中,通常涉及到的是诗歌、寓言、散文、小说、戏剧独白这些体裁。

首先建议各位考生对诗歌的选择一定要慎重。以往有考生拿一首四言绝句参加朗诵考试,这种选择显然并不明智,因为这样的作品很难测试出考生作为演员的基本素质。同样,笔者不大建议考生选择毛泽东诗词或唐诗宋词来作自己的朗诵材料。就算选择诗歌与散文,也尽量不要选择一味抒情的文章,尽量选一些叙事性强的诗歌与散文,最好文章中是有人物形象的。

选择寓言故事,也最好是选具有形象感的,包含不同角色对话的那种。寓言这一文体样式的特点是:结构大多简短,主人公可以是人,也可以是物,其主题都是借此喻彼,借远喻近,借古喻今,借小喻大,寓较深的道理于简单的故事之中。要朗诵好寓言,必须做到鲜明又含蓄,轻松又严肃,夸张又真实,活跃又沉稳,能把寓言中风趣的语言、生动的形象表现出来。这需要考生从声音、形体到形态的全面配合。

一般说,小说片段或剧本独白,都具有人物感与情节性,想朗诵好这一类的材料,需要考生具有一定的台词基本功。朗诵者应着重塑造好人物形象,揭示出规定情境,组织好人物行动。

另外,生活中的故事、笑话等是民间口头文化的艺术形式,它们表达口语化、通俗易懂,也可以作为考生的选择。

6. 朗诵考试中如何避免暴露自己的弱点？

在朗诵作品的选择上一定要回避自己的弱点，嗓音条件一般的考生，不要选择太有气势与气魄的作品，防止高音上不去，喊破嗓子；激情不够的考生尽量不要选择情感过于浓厚的作品；缺乏幽默感的考生就尽量不要选择寓言或笑话免得弄巧成拙；那些带有方言的考生，如果有个别单词的普通话发音咬字不准确的，尽量在作品中回避这些字、词，以免在朗诵作品的时候出现语言方面的致命伤。而表演素质好，具有激情的考生倒是可以选择些有挑战、难度大的作品，这样或许可以让你脱颖而出。

不过不管你选择何种类型的作品，在朗诵的时候一定把重点放在作品内容的表达上，尤其是那些嗓音条件较好的同学，在朗诵时切忌只顾卖弄嗓音条件而忽略了作品的表述。

7. 为什么要避免选择那些特别流行的朗诵材料？

历年的考试中考生所选择的朗诵材料大多千篇一律。如寓言故事《猴吃西瓜》《乌鸦与狐狸》《狼和小羊》《一头学问渊博的猪》；散文《军礼》《那年我十五岁》；诗歌《再别康桥》《乡愁》；小说《卖火柴的小女孩》等。这些朗诵材料在考场上出现频率实在太高，有时一天的考试考官就可能重复听十多遍，甚至二十多遍。面对作品的艺术处理大多也都相似，严重造成考官们的审美疲劳，因此建议大家尽量去开发一些新颖的又十分适合自己的朗诵材料。以上那些材料作为学习过程中的基本功练习还是非常适合的，但是拿来应试就显得有些陈旧，缺乏新意，很难激起考官对你的注意。

8. 如何在最短的时间内表现出自己的最佳朗诵状态？

一定要掌握好朗诵作品的时间。考生对所选择的朗诵作品要进行适当地删减，把高潮段落尽可能前置。因为随着近年来考试报名人数的剧增，对朗诵考查时间在逐渐缩短。有经验的考官一般在对考生的基本情况了解之后就会打断考生的朗诵。因此在考试中，有部分考生在被打断的时候还没有朗诵到作品的精彩之处，以致影响了个人才华的展现，从而造成遗憾。所以考生在考前一定要想好，如何在最短的时间内向考官展示出自己的才华。

9. 朗诵时如何正确地表达情感？

切忌不要拿着朗诵材料读，那是一种极不尊重考试的行为。朗诵过程一定要真实、真诚、真挚，不要让人感到是在装腔作势。有的考生爱故弄玄虚，朗诵时忽快忽慢、忽高忽低、忽大忽小，这样虚假造作的朗诵是很难被考官接受的。

所以朗诵时一定要用心去感受作品，将作家要说的话通过你的声音传达给听众，将作家的情感通过你的语言来得以抒发。朗诵时要将自己融入作品，充分将作品的情感吸收，再通过自身的感受体现出来，绝不能站在作品之外。在朗诵过程中，脑海中出现的应不只是一个个方块字，而应该是一幅幅作品中所描绘的生动画面。一定要记住的是表达作品的一切语言形式,都要从作品的内容出发。

10. 朗诵时为什么最好不要乱用手势?

朗诵过程中不要乱用手势、表情或形体动作。朗诵中必要的手势、表情及形体动作是需要的,但他们对语言表达只是起辅助强调的作用,千万不能作图解式的"动作表演",不能因此喧宾夺主。

朗诵中的手势、表情及形体动作要运用地合理有机,做到适当、精炼、鲜明。既是经过精心选择和设计的,又能在朗诵时不露痕迹、自然真挚地表现出来,从而没有影响和分散对作品的表达与朗诵的效果。

11. 朗诵时为何尽量避免音量过高?

朗诵时最好不要声嘶力竭地大喊大叫。有的同学朗诵时总喜欢提高声音,放开嗓门地喊叫。仿佛不这样就不是朗诵,不这样就不足以表现内心充沛的情感。但这样做,很容易使朗诵者的注意力和全身的劲都用到声音上去,反而会因此减少对内容本身的注意,也容易使考官感到朗诵者是在"空喊"。

所以在考场朗诵时,要注意根据场地的大小、观众的多少来调节自己的音量。也切忌不要"嘀嘀咕咕"地低声细语,让人听不见、听不清的朗诵也同样是不可取的。总之,能让考官听得清楚真切就好。

12. 在朗诵考试时,考官更注重考查考生的哪方面特性?

台词考官在考场上特别希望遇见的考生是那种既具有良好声音条件,同时又具有良好的作品表达能力的考生。在两者中,多数考官更看重后者。良好的声音条件是没有绝对标准的,毕竟表演专业招的是演员而不是播音员,因此并不需要每个学生的嗓音条件都像新闻主播那样庄重而优美。考官更希望考生的声音具有自身的个性特点,并且与本人的形象气质相符合。

13. 朗诵时,如何才能更好地吸引考官的注意力?

在考试过程中,考官一天要听上几百个考生的朗诵。如果总是重复听到相同的作品必然出现审美上的疲劳,注意力与关注程度容易降低。所以考官希望听到些新鲜的作品,越有故事性就越能激发考官往下听的兴趣,尤其在故事中有鲜明的形象与一定的悬念,考官就更不会轻易打断你的朗诵了。

14. 如何正确认识朗诵时被考官打断的情况?

有一种情况是考官打断考生朗诵,提出一些具体要求后,再让考生继续朗诵下去。这说明考官希望看到考生另外的朗诵状态,或是调动考生他所想要看到的素质,这时考生要认真地听取老师的提示和启发,努力按照老师的要求再去朗诵。

当然有时考官也会因为考生的朗诵材料太长,直接打断考生。这可能说明老师对考生已经有所了解,并不一定表明考官对考生朗诵好坏的评价。

练习篇

一、剧本节选

1. 复活 （根据〔俄〕托尔斯泰《复活》改编）

卡秋莎：

（狱中探监铁栅门前）

您说什么？要跟我结婚？哈哈……什么，什么？您要不跟我结婚就对不起上帝？哈哈……上帝！哼哼，公爵先生！我又从您的嘴里听到上帝了，可那是多么残忍的、吃人的上帝啊！我倒是记起那天晚上的事了，您要听吗？

我从您姑母那里听到了您要从前线回来的消息，我是多么的欢喜，多么的高兴啊！我相信您一定会到我们村子来的。可是您给您姑母的电报却说有公事要到彼得堡去。这可把我急坏了，我决心到车站见您一面，我怎能不见您哪？肚里的孩子已经有好几个月了。我打听到你们的火车是夜里两点钟到我们那儿，我等您姑母们睡了，就换了一双胶鞋，用围巾蒙着头，提起裙子就赶到车站去了。

那是一个好闷人的晚上啊！大颗大颗的秋雨，下一阵儿又停一阵儿，路上一两尺远的地方就看不大清楚，树林子里黑得跟炭炉子似的，平常很熟的路也走迷糊了。等我赶到车站，已经响过第二遍铃了。我一跑到月台就赶到头等车那边去。

车厢里是雪亮的，桌子上点着手臂粗的蜡烛，天鹅绒的安乐椅上坐着两个军官在打扑克。我一眼就看见了您——那靠着椅背同人家笑着说话的，不正是我日夜想念的人吗？我一看见您，就用冻僵的手敲那窗子。第三遍铃又响了，火车就要开了，我急了，一边用手敲着窗子，一边把脸贴在玻璃上，但是我靠着的那节车厢也动起来了！我就一面望着车子里面，一面跟着车子走……正在这个时候，我看见您站起来了，并且朝着窗子走来了，我的心扑扑直跳，我以为您该叫我了，谁知道您是过来放窗帘的。

正在这个时候，列车长推开我跳上车了，我还是沿着月台上湿淋淋的地板跟着车子跑，月台跑完了，我就一滑一滑地跳下台阶在平地上跑……风是那样的厉害，我头上的围巾快给吹掉了……头等车已经走了，二等车也走了，三等车也很快地过去了……在那风雨中，我拼命追呀，追呀……一下子跌倒在泥水里，我坐在那里放声大哭……我想：啊！他走了，待会儿火车来了我就钻到车子下面去，就什么都结束了……正在我打着这样主意的时候，我肚子里的孩子突突地动了起来，我那时候真是好为难啊！死吧，为了这个小东西，我又怎么能死呢？我只好慢慢地站起来，凄凄凉凉地走回去了……哼，结果不到一个月，我就被你姑母赶出来了。

从那天晚上起，我才认识了你们的上帝，认识了男人！哼！我再也不受上帝的骗了！

也不再受你们的骗了!十年前我做了你快乐的牺牲品,如今,你又想用我来拯救你的灵魂吗?哈哈……公爵老爷!现在,我是一个女犯人了!您用不着到这种地方来,请回去吧!……走开!我讨厌你,讨厌你的脸、你的声音、你的眼泪,什么都是假的,什么都是假的!我恨!我恨我那时候为什么没有死!(哀怨地哭泣着跑下)

2. 基督山伯爵　　(根据〔法〕大仲马《基督山伯爵》改编)

贝尼台多:

请原谅我,审判长阁下,我看您是采用了普通的审问程序,用那种程序,我将无法遵从。——我要求——而且不久就可以证明我的要求是正当的——开一个例外。我恳求您允许我在回答问题的时候遵从一种不同的程序,但所有的问题我都愿意回答。

我 21 岁,说得更确切些,再过几天就满 21 岁了,因为我是在 1817 年 9 月 27 日在巴黎附近的阿都尔生的。

最初,我是一个伪币制造者,然后变成了一个贼,最后我成为一个暗杀犯。在座的诸位,请不必惊奇,我并不是卡凡尔康德王子,仅仅是一个孤儿。

你们似乎对我的姓名很感兴趣,可是我不能把我的姓名告诉你们,因为我的父母遗弃了我,我根本就没有姓名。但是我知道我父亲的姓名,可现在不能告诉你们,我需要先解释一下,为什么我是个孤儿。

我再说一遍,我是 1817 年 9 月 27 日晚上在阿都尔降生的,地点是芳丹街二十八号,在一个挂着红色窗帷的房间里。我的父亲把我抱在怀里对我母亲说我是死的,就把我包在一块餐巾里,抱到后花园里活埋了我。

你们问我是怎么知道这一切细节的,我来告诉您,审判长阁下。有一个人曾发誓向我父亲报仇,他早就留心杀死他的机会。那天晚上他偷偷地爬进我父亲埋我的花园,他躲在树丛里,他看见我的父亲把一样东西埋在地里,就在这个时候上去刺了他一刀,然后,一心满以为埋的是什么宝物,他挖开一看我还活着,于是那个人把我抱到育婴堂,在那儿我被编在 57 号。三个月后,他的嫂嫂从洛格里亚诺赶到巴黎来,声称我是她的儿子,把我带走了。

当然,抚养我的那些人很钟爱我,我本来可以和那些好人过很快乐的生活,但我那乖戾的本性超过了我继母竭力灌输在我心里的美德。我愈变愈坏,直到我犯了罪。有一天,当我在诅咒上帝把我造得这样恶劣,给我注定这样一个命运的时候,我的继父对我说:"不要亵渎神明,倒霉的孩子!因为上帝赐给你生命的时候,并无恶意。罪孽是你的父亲,不是你,——是你的父亲,他连累你生遭孽报,死入地狱。"自从那次以后,我不再诅咒上帝而诅咒我的父亲!

假如我这番话加重了我的罪名,那么请惩罚我,但假如我已经使你们相信自从我落地起,我的命运就悲惨、痛苦和伤心,那么请怜悯我。

现在我应该告诉你们我父亲的姓名了,他就是在座的检察官先生,名字叫维尔福!维尔福先生,我就是你二十年前活埋的儿子!父亲你忘了吗?!……母亲,难道你也忘了吗?这就是包我的那块餐巾,上面还有您的名字啊!——霭——敏。

(选自《基督山伯爵》,人民文学出版社,1978年版,第80~84页)

3. 培尔·金特　　(选自[挪威]易卜生《培尔·金特》)

(1)培尔·金特:

(培尔已经在海外经商发了财,他梦寐以求的核心是当皇帝,他自以为靠金钱的力量可以给自己戴上一顶王冠。他得意忘形地借醉意发泄内心深处的追求)

先生们!我要靠金钱的力量,成为全世界的皇帝!哈哈……靠金钱的力量!这种想法一点儿也不新鲜。我一生都受到这种想法的启发,我小时候就经常做梦,梦见自己腾云驾雾飞越海洋。哈哈……可是朋友,我的目的是不变的。不记得什么人在什么地方讲过:倘若你把整个世界弄到手,却丢掉了"自我",那就等于把王冠扣在苦笑着的骷髅上。哈哈,我一生都在追求培尔·金特式的自我……这培尔·金特式的自我……代表一连串的意愿、憧憬和欲望!(摔倒在地,在地上翻滚)培尔·金特式的自我……是种种幻想、向往和灵感的汪洋大海。这些都在我的胸襟中汹涌澎湃着……他们使我像现在这样生活着……它们形成了我的"自我"。(起身跪在地上)正如上帝需要有大地,它才能成为大地之主,我——培尔·金特,也需要用黄金来使我自己成为皇帝!(发誓)我必须实现自己的理想,我要做宇宙间的金特!哈哈……(失态的大笑)

　　提示:此独白可作为酒后醉语、大笑及在激烈形体运动中的语言变化等综合技巧
　　　　练习。

(2)培尔·金特:

(老年的培尔·金特返回故乡,一颗流星掠过天空,他朝流星点了下头)

我的流星老弟,培尔·金特向你致敬!你一闪而过,然后就熄灭,永远消失在太空中——(他像是有所畏惧似地蜷缩起来,越来越深入雾中。静默片刻,然后大声惊叫)难道宇宙里就没个人吗?深渊里没有人?上苍也没有人吗?(又走回来,把帽子往地上一摜,抓自己的头发。渐渐地又沉寂下来)

这么说来,一个人的灵魂是可以凄惨地回到那虚无缥缈的灰色烟雾里去的。可爱的地球,不要因为我白白在你上面踩了这么一辈子没有留下什么痕迹而生我的气吧!可爱的太阳,你浪费了你的光辉,你那灿烂的光辉徒劳地照耀在一间空屋子上。屋子的主人走了,没有人来享受你所给的舒适和温暖。可爱的地球,可爱的大地,你们浪费了温暖和营养,白白孕育了我。精神界有多么吝啬,自然界却有多么慷慨!我要攀登顶峰的顶峰,我要再一次看看日出,看到眼睛疲倦了为止。然后,让雪把我埋起来,在我的坟墓上写着:"这里没有埋葬什么人"然后——喏,随他去……哎,我在咽气之前,老早就已经死了。

4. 蒲田进行曲　　（根据电影《蒲田进行曲》台词改编）

（安次是电影厂的一名替身演员，由于贫穷没有地位，三十多岁了还未恋爱过，但现在已有了"妻子"。就是被男主角阿吟抛弃的、已经怀了孕即将临产的姑娘小夏。尽管他是为了男主角的声誉，自己忍受着被凌辱的悲哀，但在与小夏一起生活的一段时间里，安次对小夏由同情可怜，变化为萌发的爱情。他为了搞到钱让小夏平安地生下孩子，也为了将来小夏能重新和她爱的阿吟生活在一起，他与公司老板签定了拍电影搏斗中"滚楼梯"的合同，这需要他从几十米高的楼梯上滚下来，这样他就可以得到一笔相当可观的报酬。但显然这样做所要付出的代价不是死亡就是终生残废。所以在他签完合同后，经理请他痛饮了一顿，安次借酒驱愁，但内心的痛苦却终究无法掩盖）

（安次手里举着合同书和一瓶酒，跌跌撞撞上场，因喝得太多，已醉得不能控制自己了）

安次：小夏……小夏……我回来了！哈哈……图章……图章，我的图章，（打开抽屉，盖了章）瞧瞧盖上章就全齐了……这是我的合同书，滚……滚楼梯的合同书。……哈哈……小夏……小夏，咱们有了这笔钱……就什么也不愁了……小夏（以为她在里屋）你说说（低语）咱们有了这大笔钱以后，你打算怎么用？你说啊，你怎么不说话？……（以为小夏不理他，发火大叫起来）我说你哑巴了吗？我为什么签合同？……还不是为了你和孩子？……你那孩子并不是我的……是那阿吟的……和我安次有什么关系？你说，你说！（摔东西，发泄地）这么多年来，我为什么挨他们的打骂？连他们抛弃的女人和孩子都要我来承受……为什么？……为什么！（突然摔倒在地。酒醒了）已经晚了……公司已经决定啦！（低声哭泣）今天经理和导演请我喝了酒，说我是为电影事业献身的典范……你说，我还能不干吗？……（由哭转为惨笑）噢噢……（转狂笑）哈……哈……我是跑龙套的，人家让你跳你就得跳……让你滚就得滚……（在地上翻滚）哈哈……让你往火里钻……你就得钻……让你滚楼梯你就得滚……哈……（继续在地上翻滚）给你三千给你五千……哈哈……跑龙套的就是这样……就是这样哈哈……（笑转哭。趴在地上低泣。恢复了理智，声音低沉、冷静）我也不知是怎么啦……以前我都无所谓，不管干什么，我都乐呵呵地去干了，我从来也没有想过死，……也不怕死，可今天……小夏……我越是和你在一块儿生活，我就越觉得离不开你……我越是爱你呀，我这心里就越难受……我越想和你好好生活下去呀，（转低泣）就越是和你难舍难分……我今天这是怎么啦？我真是……（趴在地上隐泣）

提示：此练习难度较大，训练演员掌握酒后醉语、哭与笑、边哭边说以及在激烈形体运动中如何说好台词等各种技巧。

5. 杜十娘

杜十娘：(无限痛楚地)啊！……夜深了……我杜十娘好命苦啊！……

想当初，我在行院之中，有多少王孙公子要赎我出去，是我执意不肯相从。可叹我无知瞎了双眼，错把李甲认作诚实的君子，轻信了他的甜言蜜语，海誓山盟。实指望，跟随他从此脱离苦海，重归良门，夫妻恩爱，同心偕老……谁料想，他却是个薄情无义、人面兽心之徒。竟然为了一千两银子，就把我转卖给他人！……啊……(低泣)可怜我一片痴心，竟遭如此绝情！……到如今，满目凄凉，举目无亲，反复思量没有生路，只有一死了此残生吧！(恨不欲生，急步欲向舱外。忽然止步)不，我不能不明不白地死去。我要等到天明，当着众人之面，说明此事，再怀抱宝箱，投江一死，叫他落个人财两空。(稍停又转念)可是……我这样一死，又有何人替我申冤，哪个为我报仇?！(略思)有了，我想这宝箱乃是能人所造，滴水不进，我不免写下申冤大状，放在箱内，待我死后，若有人把我的尸体打捞起来，宝箱权当谢礼，就请他与我十娘申冤诉苦！(立即取纸笔，边说边写)唉！杜薇呀，杜薇！想不到这滚滚长江，就是你葬身之地了！(写好后边哭边读)"家住绍兴府卢家村，自幼父母双亡孤苦伶仃，被人拐带进京卖入娼门，学习弹唱。我名杜薇排行十娘。今与李甲结为夫妻同转家乡。来到这瓜州遇见了盐商孙富，李甲贪图银两，变了心肠把我卖掉。我满腹辛酸事无处诉说！天哪，天哪！叫天天不应，我只得怀抱宝箱，同葬长江。若有人把我尸首打捞上岸，这宝箱当谢礼，敬请义士为我申冤报仇啊！"(叠好放箱内。看舱外)啊！……天就要亮了，待我去梳妆起来。

(选自王蓓：《杜十娘》，见《剧本》1962年5月号)

二、小说节选

家(一) 巴金著

这一天她怀着颤抖的心等着跟觉慧见面。然而觉慧回来的时候已经是晚上九点钟了。她走到他的窗下，听见他的哥哥说话的声音，她觉得胆怯了。她在那里徘徊着，不敢进去，但是又不忍走开，因为要是这一晚再错过机会，不管是生与死，她永远不能再看见他了。

好容易挨过了一些时候，屋里起了脚步声，她知道有人走出来，便往角落里一躲，果然看见一个黑影从里面闪出来。这是觉民。她看见他走远了，连忙走进房里去。

觉慧正埋着头在电灯光下写文章，他听见她的脚步声并不抬起头，也不分辨这是谁在走路。他只顾专心写文章。

鸣凤看见他不抬头，便走到桌子旁边胆怯地但也温柔地叫了一声："三少爷。"

"鸣凤，是你?"他抬起头惊讶地说，对她笑了笑，"什么事？"

"我想看看你……"她说话时两只忧郁的眼睛呆呆地望着他的带笑的脸。她的话没有说完,就被他接下去说:"你是不是怪我这几天不跟你说话?你以为我不理你吗?"他温和地笑道,"不是,你不要起疑心。你看我这几天真忙,又要读书,又要写文章,还有别的事情。"他指着面前一大堆稿件、几份杂志和一叠原稿纸对她说:"你看我忙得跟蚂蚁一样。……再过两天就好了,我就把这些事情都做完了,再过两天。……我答应你,再过两天。"

"再过两天……"她绝望地悲声念着这四个字,好像不懂它们的意义,过后又茫然地问道:"再过两天?……"

"对,"他笑着说,"再过两天,我的事情就做完了。只消等两天。再过两天,我要和你谈许许多多的事情。"他又埋下头去写字。

"三少爷,我想跟你说两句话……"她极力忍了眼泪,不要哭出声来。

"鸣凤,你没看见我这样忙?"他短短地说,便抬起头来。看着她眼里闪着泪光,他马上心软了。他伸手去捏了捏她的手,又站起来,声音柔和地又关心问道:"你受了什么委屈吗?不要难过。"他真想丢开面前的原稿纸,带着她到花园里好好地安慰她。可是他马上又想起明天早晨就要交出去的文章,想起周报社的斗争,便改变了主意说:"你忍耐一下,过两天我们好好地商量,我一定给你帮忙。我明天会找你,现在你让我安安静静地做事情。"他说完,放下她的手,看见她还用期待的眼光在看他,他一阵感情冲动,连自己也说不出是为了什么,他忽然捧住她的脸,轻轻地在她的嘴上吻了一下,又对她笑了笑。他回到座位上,又抬起头看了她一眼,然后埋下头,拿起笔继续做他的工作。但是他的心还怦怦地跳动,因为这是他第一次吻她。

鸣凤不说一句话,她痴呆地站在那里。她甚至不知道自己在这时想些什么,又有什么样的感觉。她轻轻地抚摩她的第一次被他吻了的嘴唇。过了一会儿她又喃喃地念着:"再过两天……"

这时外面起了吹哨声,慧又抬起头催促鸣凤:"快去,二少爷来了。"

鸣凤好像从梦中醒过来似的,她的脸色马上变了。她的嘴唇微微动着,但是并没有说出什么。她的非常温柔而略带忧郁的眼光留恋地看了他几眼,忽然她的眼睛一闪,眼泪流了下来,她的口里迸出了一声:"三少爷。"声音异常凄惨。觉慧惊奇地抬起头来看,只看见她的背影在门外消失了。

家(二)

他觉得一下子全身都冷了,他不明白她为什么要避开他,他要找她问个明白。他便追上去,但是脚步下得轻。

他又转过那座假山,她立在一株桃树下,低着头在拨弄左手掌心上的什么东西。

"梅!"他禁不住叫了一声,向着她走去。

她抬起头,这次她却不避开了。她默默地望着他。他走到她面前,用激动的声音问道:"梅,你为什么要避开我?"她埋着头,温柔地抚弄那只躺在她的掌心上微微扇动翅膀的垂死的蝴蝶,半晌不答话。

"你还不肯饶恕我吗?"他的声音变成苦涩的了。

她抬起头,不闪眼地把他望了一些时候,才淡淡地说:"大表哥,你并没有亏负我的地方。"只有这短短的一句话。

"这样看来,你是不肯饶恕我了。"他差不多悲声说。

她微笑了,这并不是快乐的笑,是悲哀的笑。她的眼光变得很温柔了。她用右手按住自己的胸膛。她低声说:"大表哥,你难道还不知道我的心?我何曾有一个时候怨过你!"

"那么你为什么要避开我?我们分别了这么久,好容易才见到了,你连话也不肯跟我多说。你想我心上怎么过得去?我怎么会不想到你还在恨我?"他痛苦地说。

梅埋下头,她咬了咬嘴唇皮,额上的皱纹显得更深了。她慢慢地说:"我并没有恨过你,不过我害怕多跟你见面,免得大家想起从前的事情。"

觉新呆呆地望着她,一时答不出话来。梅接着又说一句:"大表哥,我先走了,我去看他们打牌。"她便向水阁那面走去。

觉新抬起头,忍不住又叫一声:"梅!"

"大表哥,"她关心地唤了一声,抬起水汪汪的眼睛望了他一眼。

"你连一只蝴蝶也还要可怜,难道我就值不得你的怜悯?"他忍住眼泪低声说。

"也许你明天就要回去了,我们以后永远没有机会再见面,或死或活,我们都好像住在两个世界里头。你就忍心这样默默无语地跟我告别?"他抽泣地说。

她依旧不答话,只是急促地呼吸着。

"梅,我负了你。……我也是没有办法啊。……我结了亲……忘记了你……我不曾想到你的痛苦,"他从怀里掏出手帕,却不去揩眼睛,让眼泪沿着面颊流下来。"我后来知道这几年你受够了苦,都是我带给你的。想到这一层,我怎么能够放下这颗心?你看,我也受够了苦。你连一句饶恕的话也不肯说?"

她抬起了头,终于忍不住低声哭起来,断续地说了两句话:"大表哥,我此刻心乱如麻。……你叫我从何说起?"于是一只手捫着心,连续咳了几声嗽。"这几年来我哪一天不想念你。你不知道除夕我在琴妹家中看见你的背影,我心里是何等安慰。我回到省城来很想见你,我又害怕跟你相见。那天在新发祥我避开了你,过后又后悔。我也是不能作主啊。我有我的母亲,你有大表嫂。大表嫂又是那么好,连我也喜欢她。我不愿给你唤起往事。我自己倒不要紧。我一生已经完了。不过我不愿使你痛苦,也不愿使她痛苦。在家里,我母亲不知道我的心事,我的悲哀她是不会了解的。我这样活下去,还不如早死的好。"她长叹了一声。

她走了　　〔俄〕契诃夫著

吃完午饭。胃里感到轻微的快意，嘴不断地打着呵欠，甜蜜的瞌睡使得眼睛眯起来。丈夫点起一只雪茄烟，伸了一个懒腰，手脚摊开懒洋洋地躺在沙发床上。妻子坐在床头，鼻子里哼着歌曲，两人都很幸福。

"跟我说说话儿……"丈夫打了一个呵欠。

"跟你说什么呢？嗯……哎呀，对了！你听说了吗？索菲·阿库尔科娃嫁给了一个……什么来着……嫁给了冯·特拉姆普！这真是荒唐！"

"荒唐在哪儿？"

"谁不知道特拉姆普不是个好东西！他是个坏蛋……没良心！一点都不正派！缺德鬼！在伯爵家当过管事的，发了财，现在铁路上办事，什么东西都偷……把他姐姐的钱也霸占去了……一句话，是个坏蛋加小偷，嫁给这么个人?! 跟他一块儿生活?! 我觉得奇怪！那么一个品行端正的姑娘却……干出这种事来！说什么也不能嫁给这种人哪！就算他是个百万富翁！就算他长得我从来没有见过的那么漂亮，我也瞧不起他！嫁给一个卑鄙的丈夫我简直不能想象！"

妻子跳起来，满脸通红，怒气冲冲地在屋里走来走去，眼睛气得冒火……显然她完全是真心实意……

"那些嫁给这些先生们的女人真是太糊涂，太庸俗了！"

"是的，你当然不会嫁的……嗯……好吧，如果你现在知道了，我也是个……坏蛋，……你该怎么样呢？"

"我离开你！我只爱正经人！我要知道你干出了特拉姆普所做的百分之一，我就……一眨眼的工夫！那就再见！"

"是这样？……嗯，你是这么个人，倒没看出来……嘻嘻……娘儿们撒谎也不脸红！"

"我向来不说谎！你干一回下流勾当试试，那时你就知道了。"

"我何必试呢？你自己明白，我难道比你的冯·特拉姆普干净！特拉姆普比起我来不过是个小蚊子。你吃惊了吗？这可怪了。"

停了一会，他说："我挣多少薪金？"

"一年三千。"

"一个星期以前，我给你买的宝石项链值多少钱？两千，不是吗？昨天的连衣裙五百，别墅两千……嘿嘿。昨天你爸爸打我这儿磨去了一千卢布。"

"可是，你不是有额外收入吗？"

"马匹……家庭医生…裁缝账。前天你打牌输了一百卢布。"

丈夫稍稍欠起身子，用拳头支着脑袋，念完了全篇起诉书。他又走到桌跟前，给妻子看了一些物证。

"我的太太，你现在看见了，你的冯·特拉姆普算不了什么，与我比较起来，他不过是个扒手。再见！去吧，以后不要说长道短！"

我讲完了。可能有的人要问：

"她离开丈夫走了吗？"

是的，她走了……走到别的屋里去了。

何容先生的戒烟   老舍著

首先要声明：这里所说的烟是香烟，不是鸦片。

从武汉到重庆，我老同何容先在一间屋子里，一直到前年八月间。在武汉的时候，我们都吸"大前门"或"使馆"牌；小大"英"似乎都不够味儿。到了重庆，小大"英"似乎变了质，越来越"够"味儿，"前门"与"使馆"倒仿佛没了什么意思。慢慢的，"刀"牌"哈德门"又变成我们的朋友，而与小大"英"，不管是谁的主动吧，好像冷淡得日悬一日，不久，"刀"牌与"哈德门"又与我们发生了意见，差不多要绝交的样子。何容先生就决心戒烟！

在他戒烟之前，我已声明过："先上吊。后戒烟！"本来吗，"弃妇难雏"的流亡在外，吃不敢进三大元，喝么也不过是清一色（黄酒贵，只好吃点白干），女不敢去交，男友一律是穷光蛋，住是二人一室，睡是臭虫满床，再不吸两支香烟，还活着干吗？可是，一看何容先生戒烟，我到底受了感动，既觉自己无勇，又钦佩他的伟大。所以，他在屋里，我几乎不敢动手取烟，以免动摇他的坚决。

何容先生那天睡了十六个钟头，一支烟没吸！醒来已是黄昏，他便独自走出去。我没敢陪他出去，怕不留神递给他一支烟，破了戒！掌灯之后，他回来了，满面红光，含着笑，从口袋中掏出一包土产卷烟来。"你尝尝这个，"他客气地让我，"才一个铜板一支！有这个，似乎就不必戒烟了！没有必要！"把烟接过来，我没敢说什么，怕伤了他的尊严。面对面的，把烟燃上，我俩细细地欣赏。头一口就惊人，冒的黄烟，我以为他误把爆竹买来了！听了一会儿，还好，并没爆炸，就放胆继续地吸。吸不到四、五口，我看见蚊子都争着向外边飞，我很高兴。既吸烟，又驱蚊，太可贵了！再吸几口之后，墙上又发现了臭虫，大概也要搬家，我更高兴了！吸到了半支，何容先生与我也跑出去了，他低声地说："看样子，还得戒烟！"

何容先生二次戒烟，有半天之久。当天的下午，他买了烟斗和烟叶。"几毛钱的烟叶，够吃三、四天的，何必一定戒烟呢！"他说。吸了几天的烟斗，他发现了：（一）不便携带；（二）不用力，抽不到；用力，烟油射到舌头上；（三）费洋火；（四）须天天收拾，麻烦！有此四弊，他就戒烟斗，而又吸上香烟了。"始作卷烟者。其无后乎！"他说。

最近两年，何容先生不知戒了多少次烟了，而指头上始终是黄的。

表演考试

应试篇

一、表演考试问题集锦

1. 表演考试的目的

表演考试除了考查考生的外部条件之外,每个考生所具有的艺术魅力、考生的专业基础、专业才能、专业条件、专业素质等也是重点考查的方面。

2. 表演所需的专业素养

表演需要演员用全身心投入。如果演员没有很好的观察力、理解力、想象力、感受力、节奏感、真实感与形象感等创作素质,就很难从事或胜任演员这个职业。

3. 表演考试的专业要求

表演艺术是以演员自身来塑造人物形象的艺术,所以对考生的专业要求,既注重考生的外部条件,又注重对考生内部素质的考查和挖掘,并且更侧重后者。

从专业的角度来讲,一个专业的演员要具备"七力""四感"。"七力"即观察力、注意力、想象力、感受力、判断力、适应力、表现力,"四感"即真实感、形象感、幽默感、节奏感。

不过对于一个考生来讲,考官在以上诸多元素当中首要注重的还是想象力、感受力、表现力及形象感的考查与挖掘。并且在表演考试中,以上这几个方面是互相制约,互相作用的。理解力会推动想象力的开展,想象力会加深人们对客观事物的感受和对人物形象的把握。这几方面相辅相成,不能截然分开。

4. 什么是表演考试中的假定性?

表演考试,会具体考查考生对假定性情境的认知和感受。即能否对假定发生的事情和假定的人物关系信以为真,并在假定的情境中表现出生活的气息;能否在假定性情境中创造出具有一定性格特征的人物形象;能否在假定性情境中比较真诚与准确地体验及体现出所表演人物的情感。这些都应是演员所必须具备的才能。

5. 什么是演员的想象力?

任何一种艺术创作都离不开想象,演员的创作自然也是如此。尽管演员是在剧作家创造的文学形象的基础上进行再创造,但是要想把剧本中的文字形象再创造为舞台人物形象,演员仍然必须运用自己的想象把剧作者所提供的情境、事件、人物等等,都变得具体和丰富起来,从而使剧作者笔下的简单提示、人物的动作和语言,都在演员想象力的帮助下得以充实和深化。否则演员根本谈不上是一个创作者,顶多也不过是剧作者的传声筒而已。

想象不等于幻想,更不是想入非非,胡思乱想。想象一定要以直接或间接的生活积累为基础,以对生活具体、深刻的感受为依据。那种缺乏生活依据、违背生活逻辑的貌似丰富的"想象"是没有创作价值的。

我们知道,舞台上的一切都是虚构的、假定的,不论是人物、人物关系、所发生的事情、所处的情境等等无一不是创作出来的。而作为演员就要在这假定的一切中"真实"地生活着。

今天可能你是舞台上的"工人"、"农民",过几天可能就是"军人"、"教师"了。在舞台上,你一时歌颂着前线战士英勇奋战、可歌可泣的业绩;一时又可能在描绘改革者的艰辛和毅力。演员面对用麻布和木条制作出来的背景,面对空空的舞台,得相信它面前就是豪华的建筑和高山之巅。天幕上灯光投射的变化,演员要想象自己一会儿处于晴朗的天空下,一会儿又涉足在荒郊野岭中。音响里传出来的"风雨声"、天桥上造雪机撒下来的"雪花",演员就能相信这是天气的变化,感到冬季的寒冷等等。

总之,对舞台上这虚构的一切,演员都必须像对真实的存在那样去对待。演员如何才能以假当真呢?如何才能对舞台上的一切产生信念呢?只有依靠想象,只有通过想象来培植演员对舞台的信念。想象这一切是真的,相信这一切是真的,以真实的感觉和态度来对待舞台上的一切事物,从而才能在舞台上创造出真实生动的人物与生活,才能创造出舞台的真实感。想象是引导演员创作的钥匙。想象力的强与弱、丰富与贫乏,对演员来说是非常重要的,想象力贫乏的人是做不了演员的。因此,在表演考试中,对考生进行想象力的考查是十分必要的。

表演小品练习是检验考生想象力的重要手段。考生要根据考题,通过想象,在自己直接和间接的生活基础上创造出人物的舞台生活,组织出人物的舞台行为。明确人物在舞台上做些什么,为什么要这样做和怎样做。并通过想象,增强对舞台环境和舞台行为的信念,从而在表演时做到自然、真实、可信。想要做到这些,要求考生的想象是具体生动、合情合理、丰富清晰的,绝不能违背生活的逻辑。

【实例点评】

提示：想象力的差异又是如何在小品练习的表演中体现出来的呢？

我们举个简单的例子，以几个考生的表演为例，我们进行一下鉴别和比较：

老师出的题目是："考试前夜你正在书桌前复习功课，这时有两只蚊子总是在你身边飞来飞去，你该怎么办？"有两个考生，他们分别是这样表演的：

第一个考生：他坐在书桌前很认真地伏案看书，突然感觉到头顶有蚊子在飞，于是伸手一拍将蚊子打死了。接着低头看书，突然又感到腿上也有一只蚊子在叮自己，于是低头一拍又将第二只蚊子拍死了。

第二个考生：炎热的夏天，他坐在书桌前，拿着英语书嘴里反复念叨着英语单词，可是记了前面的忘了后面的，急得他直拍脑袋，心情烦躁。这时突然听到耳边有蚊子在飞，他挥手赶了几下，便没再理会。可是蚊子并没有放过他，不时在他耳边滋扰，身上也被蚊子叮了好几下，让他奇痒难当，使得他原本烦躁的心情更加不好。于是他开始用眼睛搜寻蚊子，找准机会后，对自己的脖子用力一拍，但没打到蚊子。本想继续背单词，可是蚊子声不时在耳边出现，他于是气愤地放下书本，找来了蚊香，但却怎么也找不着火来点。索性找来喷雾灭蚊剂，用力按了两下也没反应，用力一摇才知道已经用完了。这时的他灵机一动，找来风油精涂抹在全身，不小心又把风油精弄进了眼睛，使他连眼也睁不开，只好冲到水龙头那去洗。折腾了好久之后，为了彻底避免蚊子的骚扰，他穿起长袖衣裤，把空调的温度调到最低，然后继续背单词。最后虽然蚊子不来打扰他了，可是全身越来越冷，让他不由得打起了喷嚏。

这个考题当然还有第三种，第四种……多种做法。仅从以上两种做法看，显然是第二个考生展现出了较丰富的想象力。

第一个考生的想象力，从他的表演结果来看应该说是贫乏的，因为他没有在发现蚊子以后"怎么办"上下工夫，所以行动发展不下去，在舞台上也停留不住，观众无法看到人物的内心活动，所以一切才刚开始便已结束。

第二个考生的想象力就比较丰富。他把发现蚊子以后"怎么办"的过程表演得非常细腻和生动。整个练习有行动的过程，也有较充实的心理活动，思想情感的脉络也比较清楚，舞台行为是可信的。

以上实例说明想象力的丰富与否，对小品练习产生效果的影响是非常大的。

当然，每一个人的想象能力是不一样的，但它是可以培养、锻炼和加强的。这就要求考生平时多注意对生活中人和事物的观察，多看、多听、多积累，并要多读些文艺作品等等。从各方面努力增强自己的文化修养，不断从直接、间接的生活里充实记忆的仓库，丰富想象的源泉。当然考生平时也可以经常做一些小品练习，锻炼自己的想象能力。

6. 什么是演员的感受力？

在表演艺术中，演员在创造一个人物形象时，很重要的一个方面是能够创造出人物的情绪。而演员的感受力则是创造人物情绪体验的主要保证。但是,由于在表演艺术创作中,演员所接受到的并不是像生活中那样真实的刺激,而是一种艺术的虚构,再加上创作环境中一些其他因素的干扰,有的演员会因没有真实感受而无法表现人物的情绪体验,结果就只能以虚假的"表演情绪"来搪塞。为什么有些演员很难有真实的体验感受呢?除了创作方法与技巧上的原因外,很重要的一个原因就是缺乏演员所应具备的真挚敏锐的感受力。

对一个演员来说,由于表演专业的特殊要求,需要他在想象的引导下,对舞台上假定的事物,对人物之间的关系,对剧本所提供的背景、环境、事件、情节等等虚构的一切,都必须产生真切的感受。只有这样,演员才能获得表演的真实,观众才会相信其舞台行为的真实性。所以表演专业要求一个演员在感受力的方面比平常人要强、要敏锐。平常人不易感受到的,演员能感受到;平常人感受到的,演员感受到的程度应该更强烈、更深刻。并且,一个演员还必须能够在观众面前,在众目睽睽之下,在有意识地进行表演的情况下,也表现出真切、具体的感受。而且这种感受还要能不断地重复。一个戏,不论演出多少场,都应该努力保持它的新鲜感,并在不断的实践中加深和巩固这种感受。

所以,在表演专业的入学考试中,一个考生是否有较好的感受能力,是判断他具不具备演员素质的重要条件。从某种意义上说,较之想象力和理解力,它更重要。当然,入学考试对考生在这方面基本素质的考查,绝不会像对待已熟练掌握了表演技巧的演员那样去要求的。

提示:考官如何通过小品练习来检验考生的感受力呢?

什么样的表演是感受力强,什么样的表演是感受力差呢?如果考生能够基本上相信小品练习的特定情境,并在情节的发展和情境的变化中,做出真实恰当的反应,也就是说表演者的行为基本上做到了自然、真实、可信,这就已经说明考生具有一定的舞台感受能力。

如果依据小品练习的内容,在表演的过程中能产生趋势饱满的情感和比较鲜明准确的舞台态度,那就表明考生有着较强的感受力。反之,如果在表演小品的过程中,不论发生什么样的事情,遇到什么样意外的情况,考生总是无动于衷,漠然处之,总是与小品的情节、情境格格不入,该热情的热情不起来,该着急的着急不起来,该激动的激动不起来,就是通常说的"不入境""内心里燃烧不起来",这就说明考生缺乏感受力方面的必备素质。

【实例点评】

仍以"夏夜蚊扰"小品为例。小品中的第二个考生,在发现蚊子以后,做出了各种各样的反应,并且每个反应都有合理的逻辑作为支撑。这说明考生不仅具有较强的想象力,而且也具有较好的感受力。

还有一种情况就是考生知道小品本身对表演者的情感要求,但却不能诚挚地执行舞台行动,无法做到真情实感的自然流露,只是"表演情感",企图靠主观意志把情感"挤"出来。于是就使劲地做"痛苦状"、"激动状"、"高兴状"、"愤怒状"等等。这样表演的考生,有时还自以为表演得不错,其实这样比缺乏感受力还要糟糕,因为在表演上"染"上这种毛病非常要不得。

但应该说明,作为初学者的考生,缺乏感受力,其原因可能是多方面的。有的可能是由于对小品所要揭示的生活内容不熟悉,理解不到位造成的;有的可能是由于表演方法不当造成的;还可能是由于某种原因过于紧张造成的。

如果是前两种情况,自己平时要加强各方面生活的积累,注意克服表演上的毛病。如果是由于临场紧张造成的,就需要在走上舞台前定一定神,使自己镇静下来,暗示自己不要紧张,并把呼吸调整均匀、排除杂念,把注意力集中在小品表演上。也就是人们通常所说的培养情绪,千万不要慌慌张张,脑子一片空白就往上跑!当然,从根本上说,克服紧张需要多增加演出实践的经验,多见见观众,这样自然会渐渐消除对观众的恐惧感。

7. 什么是演员的形象感?

在实际生活中,人的精神面貌和性格都各自不同,而演员就是要通过自己的表演在舞台和银幕上塑造出各种生动的人物形象,并且要"装龙像龙","装虎像虎",不能千人一腔,千人一面。这种通过演员的表演,塑造出各种人物形象不同内外部特征的能力,我们称之为形象感。

当然,一个演员能够创造出鲜明生动的人物形象,是由自身丰富的生活修养、文学修养、艺术素养以及娴熟的表演技艺所决定的,绝不是一个初学者能轻易做到的。不过在入学考试中,对考生这方面的素质进行初步了解,看一看他们捕捉形象的基本能力和其在这方面的可塑性,也是很有必要的。

对考生形象感的了解,一般在考查考生的想象力、理解力、感受力的小品练习中就同时进行了。但有时考官想对某些考生做进一步的了解和挖掘时,也会提出一些有针对性的命题让考生来完成。比如有这样的命题:"三个不同人物的敲门""两个不同的打电话人""两个不同的交通警察""两个不同的个体商贩"等等。

考生接到这类命题,一定要从自己直接和间接的生活记忆中,找到不同人物之间的性格特征,然后经过自己的想象、加工、创造,把人物呈现出来,而不能只是行为动作的简单重复,像"三个不同人物的敲门"肯定不能做成"一个人物的三次不同的敲门。"

【实例点评】

有这样一个命题:"两个不同的吃面条的人"。

一个男考生是这样做的:第一个吃面条的人,他穿着一身满是泥土的粗布工作服,上衣敞开着,胳膊下还夹着一顶安全帽,看样子是一个建筑工人。走路时显得大大咧咧,进了面馆随便找了张桌子就坐下了。先是把桌上之前吃完的面碗往旁边一推,然后大嗓门地叫了一大碗牛肉面并要求多加肉。面很快端来了,他立刻迫不及待地喝起面汤,结果被烫到,于是他就用袖口抹了抹嘴,然后接着用力吹面汤,之后伴着呼噜呼噜的声音,他又接着吃了起来。当他一口气吃了大半碗面后,发现有一只小猫蹲在旁边看着他,于是他先是发出两声"喷喷"的声音,继而又学猫叫逗猫,最后他一仰头把碗里的面全都倒进了嘴里,然后随便一抹嘴,又晃晃悠悠地走了。

　　第二个吃面的人,衣着十分讲究,戴着眼镜夹着公文包,虽然是个男的,但走起路来有些扭捏作态,甚至女里女气。在面馆里转了一圈,找到一个合适的地方后,他从包里拿出纸巾把桌椅擦了两遍才坐下。然后不慌不忙地拿起面单,仔细挑选着自己想吃的口味并比较着价格。点完面后,他取出自备的筷子和勺子仔细擦了一遍。在等面条的过程中,他拿了一本书在看。面条端上来后,他不急不慢、斯斯文文吹着面汤,然后一小口、一小口地像是在品尝般地吃了起来。一不小心,一滴面汤滴在了衣服上,他不由地"哎哟"了一声,赶紧掏出纸巾细心地擦拭。发现旁边有人看他时,他不满地看了对方一眼,然后继续背过身去擦拭衣服。当他再回头看时,发现原先看他的那个人还在看他,他生气地嘟囔着,不过大家只见他嘴皮动,却听不见什么声音。最后在他离开时,他又把自备的筷子、勺子擦干净装了起来,然后慢条斯理地把它们放进包里,接着又用纸巾轻轻擦了嘴和手,仍是忸怩地走了,到快下场时,还回过头来不满地朝之前看他的人瞪了一眼,嘴里还伴着无声的嘟囔。

　　这个考生给我们比较真实地演示了两个性格迥异的吃面人,说明他具有一定的形象感。

　　这里也要说明,在小品练习中,人物的性格特征必须要在人物舞台行动的过程中展现出来,绝不能丢掉人物的舞台行动,去直接"表演"这些特征。那样的话,表演也自然会陷入装腔作势、虚假做作的姿态。这在表演专业的术语中称为"表演形象",它与"表演情绪"一样,是创作方法上的一种缺陷。

8. 表演考试中的其他考查内容

　　想象力、感受力、形象感等,这是表演考试中的主要考查内容,除此之外考官还会从不同角度对考生的创作个性、气质以及是否具有幽默感进行必要的了解。

　　幽默感是指演员在表演中所展现出来的喜剧性特征。具有幽默感的演员,在表演过程中会因自身的特点而自然流露出某些风趣幽默的元素,令观众开怀大笑。

　　幽默感是一种比较特殊的才能,并不是每个演员都具有的。因此,在表演专业的入学考试中,考官很注意对考生这方面素质的了解和挖掘。但是对不具有幽默感的考生来说,这点并不作为必要的录取条件。幽默感切不可故意"做"出来,一切故意"做"出来的"幽默感""滑稽状",都是虚假做作的表演,是不可取的。

　　关于对考生的气质和创作个性的了解,应该说在考试过程中,考官也只能进行一个简单的,甚至表象的了解,作为考生无需做什么特别的准备。并且气质和创作个性并没有好、差、强、弱之分,不会影响考生的成绩,这里也就不细谈了。

9. 如何应对表演考试中的一试?

一试中的表演考试,通常是六至十人的集体命题小品。有时根据具体报名人数,每组人数还可能增加。一般在给定考题后,考官都会给考生一定的时间在考场外商量如何表演。

所以考生在拿到命题后,应迅速展开自己的想象,在最短的时间内共同商议结构出一个合乎情理的事件来。在表演时,最好能利用考场提供的简单道具,布置一个与构思小品相适应的环境。

初试小品的命题,通常以考生生活中较为熟悉的环境或生活中经常遇见的情境作为命题题目,如"公园一角""候车大厅""农贸市场""学校门口""课间休息""考试前夜""看榜""球赛风波""歌友会"等。出这些题目主要是为了考查考生能否在舞台上把表演和生活有机地结合起来,能否松弛自如、真实自然地按照生活的逻辑组织行动。所以考生遇到这样的考题,一定要本着一切从生活出发的原则,在考官赋予的环境与情境中找到准确的人物形象,之后再组织这些人物在规定的情境下进行碰撞,这样矛盾冲突才比较容易形成。

以"候车大厅"为例,在这样一个大家熟知的规定情境当中,考生一般应先去考虑会有哪些个性鲜明的人物形象在其中出现:懒洋洋的小卖部售货员、席地或坐或卧的候车民工、哄着孩子满地跑的夫妇、提着大包小包误了检票的旅客,诸如此类在生活中大家都能"看得见,摸得着"的人物形象。

然后再接着考虑能如何把这些特征各异的人物形象用一件事情联系起来。其实不用非得想一些奇特的、非常规的事情来设置情境,因为那些在生活中不常见的事情我们往往不会有太多亲历经验。所以考生可以考虑采用一些虽然平常,但却饶有情趣的事情来构思故事,再由故事来呈现不同人物的性格特征。

考生应切记不要为了追求曲折离奇的事件,为了展现重大的矛盾冲突,而破坏了表达人物的真实情境。

还有一种情况就是,在历年的考试当中,只要提到关于公众场所的命题,就会有考生设置丢钱包、抓小偷的情节,这样的表达方式请考生慎用。

10. 如何应对表演考试中的复试?

复试中的表演考试,从基本形式上与一试的表演考试相同,都是多人一起表演的命题集体小品。不过复试会在初试的基础上更进一步深入挖掘和了解考生的基本素质和能力,所以复试的命题也往往比初试更细致,小品具有一定的深度与难度,在表演时,也会在完整性上强调的多一点。

命题上,考官通常会将规定情境或矛盾冲突点给定,比如"不期而遇""生日并不快乐""不欢而散""雨中相遇""最后一班车""毕业聚会"等这一类命题。所以考生在构思上,不会像初试命题的想象空间那么大,更多的是要考生在限定的环境或时间内展开合理的人物设置与情节编排。

第一还是要准确理解考题。抓住命题中所提示的情境与矛盾点,在这个基础上为自己设计人物形象,然后再将人物与事件联系起来结构小品的情节,整个构思不可偏离命题所给出的情境与冲突点。

以命题"不期而遇"为例。拿到这个命题,考生必须先准确理解什么叫"不期而遇"。所谓"不期而遇"就是没有事先相约而巧遇。围绕这个意思可以有多种构思方法。

如果将构思设计为关系不错的老友相见,事件显然是向顺向的方向发展。

如果将构思设计为互相不想见面的两人在没有约定的情况下遇见了,那么事情就会向逆向发展,矛盾冲突也会很容易产生。考生需要设计的问题就是两人为什么不想见面,之前双方有过什么矛盾?在设计矛盾点的同时,最好将扮演的人物形象特征也放入构思当中去考虑。

另外不想见面的双方是在什么规定情境下意外相见的呢?这也是小品构思的关键。因为规定情境的不同同样可以带出不同的人物情绪来。这些都想好后,就要考虑双方各自的行动线索是什么?矛盾冲突如何化解?在构思小品的时候,如果能把这些都想清楚,想合理了,人物形象也就确立了。

11. 如何应对表演考试中的三试?

三试中的表演考试,会比初试、复试的表演考试严格细致很多,对考生的表演素质也要进行多方面的考核,命题的重点将会放在双人小品上,集体小品在三试中也仍会进行,但偏重于表演元素的考查。

考官一般会将考生分为十人或二十人一组,要求大家做一些动物模拟练习、物体模拟练习,或者戏剧游戏,以此对考生的信念力、想象力、模仿力、节奏感等表演元素进行重点考查。通过这些,一方面能够继续考查考生,一方面也是帮助考生热身和放松的,从而让考生在良好的状态中进入双人小品的考查。

双人小品的命题通常都是命题小组经过对考生初试与复试的两轮考查后,在对考生有了一定了解的基础上,根据不同考生的综合素质进行的针对性命题。比如考官想进一步挖掘某个考生的想象力,可能就会针对这一点重点命题;如果考官想了解考生的幽默感,那么命题的方向就会偏幽默;如果一个考生各个方面素质都不错,唯独缺乏一定的爆发力,那么考官对这个考生的命题重点就会放在这一方面。总之,三试的表演考试,考官尽量想看到每个考生全面展示他(她)的表演才华,以此来判断该考生的表演素质是否适合从事表演专业的学习。

双人小品的命题形式多种多样,历年来常见的样式,有动作命题:如"约会""邂逅""讨帐""和好""送礼";道具命题:如"半封信""半张照片""药方""录取通知书""戒指";一句话命题:如"笑一个""别理我,烦着呢""给我滚出去""都是我不对""我俩不合适";成语命题:如"不速之客""冤家路窄""同病相怜""忍无可忍""恨铁不成钢"。除以上这四种形式外,考官还会针对不同考生的情况随机变化命题,以达到充分挖掘考生表演潜质的目的。

针对动作命题,考生在构思的时候,一定要抓住三要素:"为什么做""做什么"和"怎么做",围绕命题中的关键动作展开想象,按生活逻辑来结构情节。

针对道具命题,一定要围绕道具展开合理想象。道具在小品中应起到推动事件发展、改变人物命运的作用。

针对一句话命题,首先要确定说这一句话时的语气。因为通常命题给出的一句话是不带标点符号,不含任何感情色彩的。那么用何种语气和口吻说这一句话,就决定了你这句话所表达意思的感情色彩。在确定了说这句话的口气后,考生就可以围绕这句话所表达的意思来展开合理的想象与构思了。谁来说这句话,放在什么时候说,都是完成一句话命题的关键。这句话不易说的过早,就怕一开场就把这句话给说了,后面的情节发展却跟这句没关系,从而跑题。把这句话放在开头不是不可以,但是考生在表演上一定要有能力把它承续下来,并且能充分挖掘这句话中所蕴含的矛盾冲突点。个人建议最好把这句话安排在不得不说,非说不可的地方说出来,或者把这句话作为结尾点题也很好。

不管面对哪一种命题方式,需要提醒大家的是,一定要注意塑造人物形象,表演专业首先应考虑的是演人,而不是演事。

12. 小品的构思和表演要注意哪些问题?

(1)准确理解命题

在构思的时候一定要紧扣题目。题目是"商场门口",就不能演成"公园一角",如果是"送站",就不能演成"接站"。同时表演中也要尽可能地发挥想象,不要过于简单地表现生活,比如"商场门口"不一定就只有小商小贩,讨价还价……可以发生许多事情,产生各种矛盾,引发各种人物情感关系。

(2)注重塑造人物形象

命题小品的构思时间往往都比较短,在仓促的时间内,想结构一个非常完美的故事情节,搭建起顺畅的人物关系线的确很难。那么如何在集体小品中使自己脱颖而出,最有效的方法就是塑造一个具有鲜明个性的人物形象出来。

通常一天看了几十个小品的考官们,往往不会记住每个小品是怎样构思的,说的是什么故事,但却常能在脑海中记住几个具有鲜明特色的人物形象。

不过在这里要提醒考生的是,在以往的考试中,有一部分考生为了突出自己所演的人物形象,常常会选择扮演乞丐与残疾人。这样做的考生往往只是简单地从人物外表出发,进行概念化的模仿,而没有深入挖掘人物的个性特征。其实只有抓住了每个人物身上最具特色的地方才能让人物真正鲜活起来,像热播剧《激情燃烧的岁月》中的石光荣和

《亮剑》中的李云龙就是这样的人物。

另外还要提醒考生的是,在人物的个性设计和表现上,把握好分寸也很重要,如果一味夸张和脱离生活实际也是不行的。

(3) 一定要有矛盾冲突

小品的表演过程中,如果缺少了矛盾冲突,那么整个表演就会显得平淡乏味,缺乏可看性。因此,在结构小品的时候不要总是顺向思维,把小品做的像本流水账,要善于逆向思维,在顺向的人物情感与人物命运中为人物行动合理地设置障碍、安排事件,使人物的动作、情感、命运发生改变,从而引起新的矛盾和冲突。

在表演过程中,要善于做这样的矛盾制造者,因为在表演过程中往往谁的表演能推动事件发展,谁就会成为小品的"主角"。事件发展的方向,包括其他考生的表演方向也都自然地随着他(她)的表演,向着他(她)所设计的方向改变。这样做很容易吸引考官的目光,给考官留下深刻印象。

(4) 构思的小品尽量做到短小精炼

表演考试由于时间所限,小品构思和情节设置都不宜过于复杂,一般围绕一个规定情境展开一个矛盾冲突即可。表演时要注意节奏,不要东拉西扯,拖拖沓沓,要尽快展开矛盾,尽快发生事件,以事件来推动人物动作的发展,从而将矛盾点推向高潮。

表演时切忌对空气说话,进行无对象的交流;也不要长时间打电话来交接剧情发展与人物关系。打电话的设置要放在不得不打,非打不可的地方,尽量使打电话起到推动时间发展,改变人物命运的关键作用。

(5) 表演小品一定要从生活出发

建议各位考生在构思小品与表演小品时一定要选择自己熟悉和了解的生活环境和人物形象。因为只有从自己熟悉的生活出发,才能产生内容生动、形象鲜活,具有一定深度和感人力量的应试小品。每个人生活中都有过喜怒哀乐,都经历过亲情、友情等这些情感的纠纷。在考场上,这些素材非常宝贵。考生要善于运用自己的"生活体验"把自己的生活经历、生活观察、生活积累、生活状态与情感融入考场的表演。

如果说应对命题小品的解题方法是什么,我个人认为就是"生活",不管考官出什么题,都离不开人的生活,考生只要按照生活的逻辑去表演就不会偏离正确的表演轨道。考生在表演时要经常问问自己,生活中如果遇到这种情况自己会怎么想,怎么做。只有这样,才容易表演的比较真实。切忌总是去表现什么黑社会、吸毒、杀人犯、同性恋、神仙鬼怪、外星来客等,也不要随意抄袭模仿现今一些庸俗影视剧的片段。

(6) 小品表演切忌低俗和哗众取宠

表演小品时即使展示比较激烈的人物冲突,比如吵架,也一定不要出现粗口。同时在小品构思时要注意所表现内容的健康与积极向上,切记不要表现过于低俗消极的情节,不要刻意去表演同性恋、娘娘腔这样的人物形象,也不可为了哗众取宠而凸显自我。

(7)真实是表演小品的首要前提

考场上考官首先看的就是你的表演是否真实,考官最反感的就是那种虚假做作、过火的表演。培养演员对于规定情境、人物关系、发生事件等真挚强烈的信念与真实感,是演员基础训练的重要环节。因此,希望广大考生在考场上表演小品时一定要把真实摆在第一位,在舞台上"真听""真看""真感受"。这样才能把考官带到你所表演的规定情境中,相信你塑造的人物形象与人物情感。

(8)在集体表演中应学会适应

由于集体小品的考试参与者都是临时组成的,并且准备时间很短,所以表演时经常会由于构思不够充分,考生的意见难以统一而在舞台上出现混乱的局面。

那么如何让自己在混乱中依旧保持清醒的头脑,使自己的表演不受影响,并很快适应小品的规定情境呢?实际上,在表演过程中出现差错与混乱场面,考官是理解的。不过考官也往往想在这个过程中观察考生的基本表演素质,看看哪个考生的应对能力较强,可以冷静机智地处理失误。

所以在集体小品的表演过程中,一定要首先明确自己的人物定位和舞台行动。当其他考生的表演行动发生变化或者台下商量好的表演方案到台上完全改变时,自己千万不要惊慌失措,乱了方寸,更不要受影响中断表演,或跟考官作出解释要求重新开始,而是应尽快适应考场上发生的一切,灵活地适应现场的情况,继续自己的表演。因为在你无法掌控他人时,你还是可以把握好自己的。

除了应对在考场上会随时发生的意外,考生还要积极应对考官为了考查考生的应变能力而故意安插的一些考核环节。这时考生一定要注意聆听考官的意图,并能在最快的时间里做出适当的反应。

在集体小品的考试中,总有些考生会埋怨对手,有的甚至会选择放弃表演。这些做法都非常不可取。

13. 在表演专业的入学考试中考官比较喜欢什么样的考生?

在表演专业的入学考试中考官喜欢招什么样的考生,成为所有参加考试的考生最为关心的问题,也是被人揣测最多的问题。但这个问题,对于任何一个考官来说,都很难一语道破。

(1)品行端正的考生

当然考试肯定是有一定的专业评判标准的,在这个评判标准之下,作为考官更加注重的是考生的自身素养与品行。对于一个有着极高表演天分,但品行却不端正的学生,考官宁愿选择放弃。

(2)特色鲜明的考生

对于表演本身来说,考官肯定不希望看到考生像一个模子刻出来的,因此在表演中展现自身的个性特点就显得相当重要。粗犷型、硬汉型、英俊潇洒型、古灵精怪型、活泼秀丽型、艳丽泼辣型、成熟端庄型、善良温顺型等等,可以不拘一格。

(3) 具有幽默感的考生

大部分考官对于具有幽默感的考生都会比较偏爱,因为演员本身具有幽默感是非常难得的。这是一种特殊的才能,因此提醒那些具备幽默感的考生,一定要在考场上及时抓住机会把自己的幽默感表现出来。不过需要说明的是,幽默不等同于滑稽,或是出洋相。幽默感一定要在真实表演的基础上自然而然地流露出来,"做"出来的幽默是虚假的、造作的,在表演当中非常不可取。

(4) 具备导演思维的考生

考官对具有良好的表演素质,同时又具备一定导演思维,能很好结构小品情节、设置合理矛盾冲突的考生是情有独钟的。

大部分进入三试的考生,一般都具备一定的表演素质,在信念感、感受力、模仿力、表现力等这些表演元素方面不会存在太大问题。但在想象力和结构小品的能力方面仍不尽如人意。所以考官对于两者兼备的考生非常珍惜。

二、表演专业考试题型、题库

1. 环境命题(集体小品):

商场门口	农贸市场	体育馆门口	学校门口
女生宿舍	图书馆	食堂	操场健身房
妇产科候诊室	手术室门前	急诊室门前	公用电话亭
结婚登记处	精神病院	公园一角	墓地
网吧	剧院门前	饭店	难民营
彩票点	海滩上	草原上	机场
码头	照相馆	公共汽车上	飞机上
火车上	地铁上	人才市场	候机室的餐厅

2. 情境命题(集体小品):

雨夜车站	泥泞的乡间小路	开班会	比赛之后
考试前夜	意外相逢	校庆团聚	桥上之偶遇
地震之后	野餐失火	山顶迷路	勘探遇蛇
旅游遇马蜂	宿舍失窃案	火灾之后	告别父母
奔赴前线	雨中情	迎亲	班里来了女同学
舞会上的相遇	马路上的相逢	大雨中的不期而遇	看电影时的一见如故

3. 动作命题(双人小品):

约会	等待	送别	接站

送礼	相认	巧遇	重逢
接头	求爱	讨债	复仇
相亲	借钱	归来	探亲
探监	寻找	迎亲	求婚
团圆	和好		

4. 成语命题（双人小品）：

喜出望外	同床异梦	守株待兔	千钧一发
手足情深	不速之客	忍无可忍	针锋相对
冤家路窄	同病相怜	归心似箭	生死攸关
桃李满天下	智者千虑，必有一失	人约黄昏	

5. 道具命题（双人小品）：

一瓶酒	一盒烟	一(半)个馒头	一(半)张报纸
一(半)封信	一面镜子	一把椅子	一本书
一(半)张通知单	一(半)张试卷	成绩单	药方
一包药	一(半)张旧照片	一枚戒指	一封电报
录取通知书	结婚证书	离婚证书	协议书
一包炸药	一封情书	死亡通知书	一束花
红旗	手枪	电话机	录音机
电脑	一个相机	一辆自行车	

6. 时间命题（集体小品或双人小品）：

情人节	愚人节	结(离)婚前夕	高考前夕
除夕之夜	圣诞之夜	母亲节	妈妈的生日
清明节	中秋节	风雪之夜	死亡之夜
每逢佳节倍思亲	演出之前		

7. 语言动作试题（双人小品）：

"我俩不合适"	"我们好说好散"	"别理我,烦着呢"	"有话好好说"
"谁说我不在乎？"	"哥哥,我错啦"	"你为什么要这样？"	"我容易吗？"
"我不想再见到你"	"你真的原谅我？"	"就这么办"	"我舍不得"
"你过来"	"过来了,怎么样？"	"你走吧"	"这可是你叫我走的"
"笑一笑好吗？"	"实在笑不出来"	"好,那你就哭吧"	"眼泪哭干了"
"你一定要走吗？"	"不回来啦？"	"哪能啊？"	"那你就滚吧"
"看,下雪了"	"太矮了"	"我不会再相信你了"	

8. 双人小品练习

电梯奇遇　　　　狭路相逢　　　　夜晚相见　　　　约错了对象
幸福的分手　　　痛苦的相遇

9. 强调感觉的小练习

寒冷　　　　酷热　　　　饥饿　　　　惊恐
感伤　　　　甜蜜　　　　幸福　　　　惊喜
奇痒　　　　疼痛

10. 一句话练习

"是你？"　　　"我恨你！"　　　"我喜欢你"　　　"我错了！"
"对不起！"　　"天黑了，怎么办？"

三、历年考试真题

中国传媒大学2010年小品表演考试真题

暴风雨来临之前、讲鬼故事、火车站候车室（7人到10人一组进行表演）

中国戏曲学院2010年影视表演专业初试小品表演真题

市场、报名处、一票难求、买与卖、地铁里、钥匙丢了、同学之间
（一般10人一组进行集体表演）

上海戏剧学院2010年小品表演考试真题

再回首、玩玩具、机场候机厅

中央戏剧学院2010年小品表演考试真题

这样能解决问题吗？

北京电影学院2010年小品表演考试真题

泥泞的沼泽地、祖先的栖息地、车站广场的大屏幕下、动物园车子坏了、球迷

北京电影学院2008年表演专业考题

语言

正音：有些考生Z、C、S或者ZH、CH、SH分不清，老师会当场给一段有关练习，比如短文或绕口令让考生当场朗读。

强弱音：老师让考生大喊"失火了——"或大喊"某人名"，过程中要求改变音量，分别对10个人讲话、对100个人讲话、对1000个人讲话等。

形体

造型：听击掌号令，每拍一掌做一个造型，再听见掌声就立即改变姿势，反应要快，令

行禁止,造型姿势不能重复也不能近似。

模仿:老师做上肢、下肢等单项或组合动作,考生要立即模仿。

表演题目

道具命题:茶杯、电话、提包、一束鲜花、一面镜子、一本书、电视、自行车

命题小品:参观爱国主义展览、愉快的周末、考试之前、雨夜等车、夜晚迷路、发现案情、整容过后、着急赴约

一句话命题:"是你?""我恨你!""我错了!""天黑了,怎么办?"

北京电影学院2007年表演专业考题

初试的表演题目:

①环境命题小品:车站大屏幕前、码头、候车室、火车或轮船上、海岛上、产房外、书店、公园、泥泞沼泽、探监室

②规定情境命题小品:郊游迷途、毕业前夕、噩耗之后、意外消息、弹尽粮绝、风雪之夜、看榜、等车、躲雨

复试小品题目:谁动了我的眼镜、今夜离别、难忘的聚会

中央戏剧学院2007年表演专业考题

复试:放风筝、考场外、看画展、候车室

三试:"你能不吃这么多吗?""生日礼物""真没想到是你干的!""新来的英语家教""水""火""过独木桥""清晨洗漱""坐在地上做事情""躲雨"

解放军艺术学院表演专业考题

初试:深林迷路　　复试:"你给我滚"(两人一组,表演时需说到这句话)

四、往年考题实例点评

(小品表演参见《艺术类院校表演专业考前冲刺》光盘)

1."有话好好说"

小品构思:由于母亲训斥女儿偷懒没有完成家庭作业,女儿对母亲说"别着急,有话好好说"。之后由于女儿无法忍受母亲的批评,说要离家出走,而导致母亲劝女儿"有话好好说"。

点评:整个构思简单而缺乏新意。可以说比较难激起考官看这个小品的兴趣。其实在母女这种人物关系中来完成"有话好好说"这个一句话命题还是很有戏可做的,但这要发挥考生的想象力。首先要确定这句话出自谁的口,那么对方就是那个不好好说的,为什么不好好说,这就需要去合理解释。如何不好好说?也不一定不好好说就是争吵,也可以是行动上的不好好说。

但小品中的两个考生几乎是从头吵到尾,完全是在打口水仗,考生千万不要以为这

样就有了矛盾冲突。矛盾冲突不等同于吵架。一句话命题的关键在于这一句话要说得合情合理,恰到好处。但是小品中的两个考生把这句话处理得太简单随意了。

同时两个考生的表演,人物感也并不鲜明。她们并没有想清楚自己要演的是一对什么样的母女,只是比较概念化地表演了一个严厉的母亲与一个调皮的女儿,所以两个人物不够鲜活可信。

考官提示:一定要把你所要演的人物想具体,越具体越好,千万不能流于表面。要在舞台上为人物找到合理的动作,不能只是依靠台词来完成舞台行动。

2. 回家

小品构思:两个表演专业的学生在教室里排练老师布置的"回家"这个小品题目,在排练过程中他们发生了争执。

点评:这种戏中戏的构思方式,还是具有一定新意的。但在考场上这样的做法是有些冒险的,因为并不是所有考题都适合这样来结构。

就"回家"这个命题来说,一男一女两个考生来完成,如果充分发挥想象,可以有很多种结构方式,其中的人物关系设置也可以有很多种,构思好了还是很有戏可做的。两位考生选择用戏中戏的方式来结构小品还是显得有些浪费。

如果在设置时,能把表演"回家"这个小品作为主要内容,而把戏中戏作为包袱最后抛出来可能会更好。但两位考生却把重点放在了由于构思"回家"这个小品而产生的分歧和争执上了,显得有些跑题。并且两个考生的舞台行动也始终停滞在二人的争执上,因此考官没看多久就喊停了。

考官提示:三试的表演考查,考生对角色人物性格的塑造是非常重要的一方面。

3. 夜归

小品构思:由于所住地区停电,姐姐到路口接晚上回家的妹妹。

点评:构思过于普通,缺乏想象力。两个考生在表演时,一切舞台行动都是顺向的,没有组织起有效的矛盾冲突。"夜归"这个命题本身就暗藏着矛盾冲突。为什么会夜归?这个问题应该是构思时考生要着力开发想象的关键点。以上两位考生恰恰忽略了这个关键点,从而造成小品的构思流于一般。

4. "你把它撕了"

小品构思:妹妹拿着哥哥的钱买东西,回来时发现找回的五十元钱是假币。两人围绕就这张假币该如何处理而产生了冲突,这个想法是不错的。

点评:一般考生拿到这样的命题通常想到的是撕信、撕照片、撕考卷、撕成绩单、撕合同,诸如此类。而两个考生能想到撕假币,并把冲突设在撕与不撕的分歧上,说明整个小品设计还是具有一定戏剧想象力的。在这个好想法的前提下,两人完成的过程却显得很一般。

考官提示：兄妹俩在处理假币问题上的不同态度主要源于两人对发生此事的认知。所以发现五十元假币的过程最好发生在场上，这样有助于铺垫两人就此事发生的争执。小品表演中，哥哥对妹妹拿回五十元假币的在乎程度不够，所以这会导致后来两人因如何处理假币而起争执的理由不够充分。所以这个小品中，哥哥的态度需要强化。同时妹妹撕假币撕得有些太容易，两人在处理假币问题上展开得不够充分。这个命题其实处理得好的话，撕假币这个行动是可以改变兄妹俩的舞台行动的。在考场上，一般考官在看到舞台行动不会再有新的发展的时候，就会叫停考生的表演。

5. 同桌

小品构思：当一方发现现在的学生会主席是自己的小学同桌时，便要求对方把自己也介绍进学生会，结果对方欣然同意帮忙。（当演到这里时，考官觉得已无悬念，因此就打断了他们的表演）

点评：与"夜归"那个小品存在的问题一样，就是整个构思都是顺向发展的，没有什么矛盾冲突。就整个构思而言，如果设计为两个同桌曾经有过过节，现在再次相遇时一方求另一方帮忙，另一方开始翻旧账刁难对方，这样的表演多少会比现在这样的流水账式的演法有更多的可看性。

考官提示：同桌这个命题还能有很多表演方式。假如两个性格迥异的人被安排为同桌，一个大大咧咧、不拘小节，甚至有些邋里邋遢；另外一个则非常斯文，注意仪表，甚至有些洁癖。这样的两个人坐在一起，之间肯定会产生矛盾冲突。只要两个人之间有碰撞，就会有戏。

6. "你饶了我吧"

小品构思：一对情侣由于女方发现男方与前女友还有来往，于是发生了争吵，最终男方不堪忍受对方的絮叨说出了"你饶了我吧"。

点评：构思显然只是在照搬影视剧的片断。

考官提示：大部分考生都是应届生，在构思小品的时候应尽量从自己身边的生活出发。只有这样呈现出来的表演才会真实可信。

对于高中生来讲，小品构思应尽量避免成年人的情感问题。缺乏真实感受的表演只能是挤眉弄眼、装腔作势。

这个命题其实大可以把人物关系设定为兄妹、父女、祖孙、师生、同学等。也不一定要把这句话处理得太过严肃，完全可以在一种轻松幽默的情境下说出来。

7. 太矮了

小品构思：姐姐带弟弟相亲，对方嫌弟弟个子太矮。

点评：构思显得不符合生活逻辑。小品开头是姐姐带弟弟来相亲，但没有交待清楚为什么要带弟弟来相亲，以及这是一对什么样的姐弟？这些设定的不同会直接影响到人

物的表演状态。因此考生在结构小品的时候应该把所要饰演的人物想清楚,想的越具体越好,不然人物的表演就会不经推敲。

考官提示:如果打开思维,"太矮了"这个命题并不一定都要往个子的高矮上去想。这个命题考官更想看到考生身上的幽默感与想象力。

练习篇

一、表演基本素质自我训练

对于表演考试中台词、形体、声乐这三个方面,准备起来方向性还是比较明确的。经过努力,很多考生第一年没考上,来年再考时,在声乐、台词和形体方面都能有明显进步,唯独表演还停留在原始状态。所以有很多考生都会问:"表演考试该怎么准备?"

表演考试的确有一定的特殊性,在考场上许多考题都是即兴命题,而且对手也往往是临时搭配起来。所以即便你提前知道考题,在面对临时组成的团队,你还是无法将自己的构思完全实现。因此,在表演考试中,考官并不会要求考生一定要展现出一个完整的小品,他们通常会把注意力放在观察考生的基本素质上。

以下练习便是我总结多年的表演考试及表演教学之后选择出来的一些小练习,这些练习大都是由单人就可以完成,练习能反复进行。

提示:练习前,同学们一定要弄清楚每个练习的目的,只有这样,练习才能真正帮助你提升自己。

(一)关于信念感与感受力训练

(练习说明:练习的时候可以让朋友或家长从生活的逻辑出发帮你做个评判)

1. 打蚊子练习

假定自己在夏日的夜晚,伏在书桌上书写作业,突然一个不速之客——蚊子来了,并在腿上叮了自己好几口。奇痒难耐下,决定起身打死这只可恶的蚊子。

提示:目前所提供的只是一个最简单的规定情景,同学在做这个练习的时候需要将具体的规定情景想的越具体越好,如什么样的夏夜,在做什么功课,为什么决定要打蚊子等。

2. 看电视练习

每个人生活中都看过电视,每个人也都有自己喜爱观看的电视节目类型,并且在观看不同类型的节目时,每个人的反应也不尽相同。

做这个练习的时候,我们可以通过自己的想象假定电视机的摆放位置,电视与自己之间的距离,然后假定使用手中的遥控器更换电视频道,根据所播放节目的不同来进行练习。

3. 音效想象练习

可以找一些具有各种音响效果的录音(如火车、汽车、马车、坦克……),通过听到的音响效果来对自己所处的规定情景进行想象,并开始感受所听到的规定情境,把自己置身其中。

4. 扑蝴蝶练习

练习前,可以假定自己与同学在郊游,并且要为生物课采集蝴蝶的标本。大家来到的地方是一个野花盛开、群蝶飞舞的小河边,同学们可以选择捕捉自己最喜爱的蝴蝶作标本。

练习开始后,同学们要想象自己捕捉的蝴蝶的形象、色彩,飞动时的状况和落在花朵上的样子,并且设法去捉到它,同时还不能把蝴蝶的翅膀弄坏。如果捉到了它,就把它放到事先准备好的本子里夹好,或者是把它钉在做标本用的纸上。如果没有捉到它,就要继续去追,想象它飞动的样子,等着它落在一朵花上,再想办法去捕捉。

5. 野外遇蛇

练习中假定你去野外写生,找好了满意的景致与最佳的取景角度,刚支上画板准备作画,突然听见旁边的草丛里发出了窸窸窣窣的声音,回头一看,在身边不远处的草丛里慢慢游出了一条蛇,此时你应该怎么办?

6. 打电话练习

开始练习时,可以即兴地在电话中对话。例如通知别人开会、与人相约看电影等。练习是和想象中的对象交谈,如果一时找不到感觉,也可以找一个真实的对象与你进行电话通话。最好设定一个要谈的话题,然后再除去这个真实的通话对象,与自己想象中的对象重复一遍刚才的通话。在做完与想象中的对象交谈练习后,你还可以去感觉一下如何在与想象的对象交谈时创造出真实感。此外,还可以不断变换想象中的对象,如自己的父母、老师、朋友、爱人等,在电话中与他们作即兴交谈的练习。要求在做这一练习时,必须在想象中听到"对方"的谈话,并且能够真实地做出反应。

7. 听音乐练习

先播放一些音乐录音,认真听,用心感受,努力把这些感受记忆下来。例如在听音乐时出现的内心视像、引起的对往事的回忆、情绪的变化以及乐曲中出现的一些旋律等等。然后,想象自己是在音乐厅听这些乐曲,但不再播放这些音乐,不过仍要尽可能在心中重现这些乐曲的旋律,并体会由此引发的相应的内心真实感觉。

提示:可以选择一些自己喜爱的乐曲来欣赏和练习。

8. 偷听练习

（1）假定自己在房间里做着功课，突然听到了父母在客厅里的争吵声。于是自己来到房间门口一听究竟。

（2）假定自己听说妈妈来到学校，正在办公室向班主任老师了解自己最近在学校的表现。自己趴在办公室的门口偷听。

9. 品尝食品练习

练习时先可以想象一个"食物"，如一个"苹果"，同学可以按照自己在生活中吃苹果的样子去"品尝"它。

这个练习可以反复做，让自己尽可能想出不同味道的"食物"。同学在练习时，应努力回忆生活中吃这些东西的滋味和状态，相信此时真在品尝它，并表现出相应的感觉。同时，切忌在"品尝"中做作、虚假的表现。如表演吃山楂时，有口腔内出现唾液和吃它时的相应感觉就可以了，而不要故意去表演尝到酸、甜、苦、辣、咸等情形给观众看。

10. 吃错了的练习

先想象自己要吃某种食物或者是喝某种饮料，但在吃或喝的过程中，发现自己吃错了或者是喝错了。例如本来是想喝一杯冷水，结果一喝，发现是一杯浓烈的白酒；本来是想喝一杯橘子水，喝到嘴里才发现不对味，原来是一杯颜料水；本来是想吃一块糖，一吃到嘴里才发现纸里包的却是一粒药丸；本来以为是一碗米饭，一吃才发现米饭已经变质了等等。

开始做这一练习时，可以根据自己的想象，努力找到这种味觉变化引起的感觉，可以在自己创造出的真实感基础上，适当地增加一些情境，把"吃错了"放在一个合情合理的情境中，并能即兴地表演出来。

11. 寻找异味练习

开始做这一练习时，可以设定自己正做着某件事情，突然发现了一种气味。例如听到隔壁有人说"这是什么味？好像有什么东西烧糊了！"自己就根据他所说的气味去感觉，并且采取相应行动——真实的感觉和合乎逻辑的行动。

提示：在反复做这一练习时，可以找出各种各样的气味来。如厕所的臭味、炒菜的辣味、煤气味、香水味、饭烧糊了的气味等等。

12. 行走中的感觉练习

在练习时，给自己找一块空地，然后自己围绕着这块空地转圈行走，在行走的过程中为自己设定不同的规定情境，根据规定情境的不同，改变自己的行走状态。规定情境变化如下：

（1）刚开学，自己走在校园的操场上，看着周围的同学在进行着各种体育运动，过程

中与熟悉的同学打着招呼,心情比较舒畅;

(2)在烈日当头的戈壁滩上,自己背着旅行背囊,水壶里的水已经喝完了,口渴难忍,急于寻找水源;

(3)天上下着瓢泼大雨,自己打着一把已经残破的雨伞,背着药箱走在泥泞的乡间小路上,着急赶路去村里救治一位摔断腿的村民;

(4)蹚着没过膝盖的水过河,自己的胳膊还受了伤,越往前走,水越深,脚底下的情况也越复杂;

(5)在凛冽的寒风中,你带着给养行走在已经结冰的崎岖山路上,要把给养送给山上的科考队员们。

提示:以上的种种规定情境还可以通过自己的想象去丰富,想得越具体越好。

13. 物体变活了的练习

在练习时,你可以拿来一个小板凳,通过想象你认定这个小板凳是一只活生生的小猫咪,然后你与眼前的这只"小猫咪"交流;也可以拿来一条皮带,通过想象假定这条皮带是一条不经意间爬到你身边的蛇,那么你面对这样一个来袭者会做出什么反应。

提示:诸如这样的物体变活了的练习还有很多,可以通过想象举一反三地练习,以此来训练自己的信念感与感受力。

14. 无实物练习

做这一练习时,开始可以非常简单,让自己不用任何实物来完成一个简单的行动。如缝扣子、点火吸烟、灌钢笔水、生炉子、倒水等。但在完成这些简单的行动时,要求把想象中的物体想得非常具体。例如缝扣子这个练习,要想象出缝扣子的针有多长,线是什么颜色的,扣子有多大,几个扣眼等。同时在行动的过程中,一定要注意动作的逻辑性。

还假设是在缝扣子,那么从找针、找线、找扣子,一直到缝好,表演者必须找到这一系列行动过程中的逻辑顺序,对每一个细节都必须有所要求,不能随意破坏行动的逻辑性顺序。因为真实的行动逻辑顺序可以使演员和观众产生信念和真实感,而"一系列这样合乎逻辑而有顺序的互相更替的瞬间,就能够形成长时间的真实信念感了"。

像这样简单的行动练习还有很多,如洗衣服、包饺子、绣花、修车、换灯泡等,可以自己去想一些简单的行动并用无实物的方式去做练习。

在同学们能够较好地完成这种简单的无实物行动练习后,同学们就可以开始用无实物的方式完成一系列行动,如缝扣子这样简单的无实物练习,就可以发展成为一个有一定情境、有任务、有目的的一系列的行动练习。具体的情境、任务、目的,应该由自己去设想。这样就能逐步把自己对具体的无实物形体动作的信念与真实感,逐步引导到对虚构的情境和假定的任务与目的的信念与真实感上去了。

提示:无实物练习,在培养自己的信念与真实感方面是非常重要的。所以,除了在练习中对自己应严格要求外,还应用更多的时间反复做这种练习,使自己真正能够做到"以假当真"、"弄假成真",并且还要能够做到"无中生有"。特别是要逐渐让自己从简单的行动的"信以为真",发展到对虚构情境和假定任务的"信以为真"。当你能够对虚构的情境和假定的任务有信念与真实感时,你便会自然产生出相应的情绪体验了。

(二)关于肌肉松弛与控制的训练

1. 身体的紧张与放松的练习(全身各部位)

做这个练习时,让自己仰卧在地毯上,全身放松,两手自然地放在自己身体旁边。双目自然闭上,调整自己的呼吸到均匀自然的状态,然后按顺序使自己身体的不同部位紧张起来,然后再逐个放松:脚趾、脚掌、脚踝、小腿、膝部、大腿、臀部、腰部、胸部、背部、肩部、大臂、小臂、手掌、手指、颈部、面部、前额、脑后部。之后再全身紧张起来,到最后仍然全身放松,放松下来后再静卧片刻,然后缓缓站起。

提示:当自己某一部位紧张后,应停顿5～10秒钟,去感觉一下自己紧张起来后的肌肉状态,然后再放松。过程中细心感受自己紧张与放松时的肌肉状态。

2. 木偶练习

要求肩部放松,两手自然下垂,双脚分开与肩同宽,颈椎与腰椎自然平直站立,身体放松,双目自然闭拢,面部放松,口微张,下颌放松。想象自己的头顶、肘、手腕、指尖、膝、脚踝处都有一根线提在玩木偶者的手里,感觉头部好像是个气球放在脖子上。

按照上述姿态站好之后,检查一下自己是否有多余的紧张,并尽量排除。然后,想象自己的肘部被线提起,一直到大臂与肩平;接着想象自己的手腕被线提起;然后手指尖被线提起,向上拉。直到两臂向上完全伸直为止。这时,同学们可以想象自己的手臂越来越长,伸出了屋顶,伸向了天空。想象自己似乎是在天空中与云霞一起玩耍,看到了云霞的色彩,闻到了空气中的气味等。

在少许停顿之后,同学们可以想象自己从手指到手腕和肘部的线正在一点点被逐步放松下来,之后又回到原来站立的状态。然后,想象头顶上的线被放松了,于是头部自然下垂,并且感觉由于头部的重量带动,从颈椎开始,一节脊椎一节脊椎地放松,直到上半身完全放松下垂;接着再想象臀部与膝部的线被放松了,这样,就很自然地全身松弛地躺倒在地毯上了。

在静静地躺卧片刻之后,再想象自己的膝部、臀部、脊椎和头部的线有顺序地被提起,直到恢复原来自然站立的状态为止。

提示:这一练习可以反复多次,在做练习时,要仔细体会形体活动过程中的各种感觉。

3. 伸张与收缩练习(种子—大树,蚂蚁—恐龙)

练习开始前,先在脑海中想象一个最小的东西和一个最大的东西(动物、植物均可)。

例如最小的是种子,最大的是大树。然后自然站立,两臂下垂,双目闭拢,开始想象自己慢慢地变成了一粒种子。与此同时,要求从面部开始,感觉自己的肌肉收缩起来,自己身体上所有的肌肉和关节都逐渐紧缩起来,最后蜷曲成一团,而且越小越好。

这时同学们可以去想象自己成为一粒种子后,没有人注意你,你被埋在了土壤中间,闻着土壤的气息。有个小朋友每天都来给这块土壤浇水施肥。在这个过程中你吸收了营养,于是你在逐渐地一天天长大。期间你要去感觉自己的肌肉和关节都在逐渐地膨胀,身体越来越大,全身逐渐地伸展,慢慢你冲破了土壤,长成了一棵小树苗。然后由于你不断地汲取营养,自己终于长成了一棵大树,你也由此站立起来了,并且睁开了眼睛,然后以最大、最强者的眼光去看周围的世界。

提示:这个练习可以反复做,在做的时候可以确定不同的最大者和最小者。例如蚂蚁和恐龙等等。在做这些不同的最大者和最小者练习的时候,要尽可能地展开海阔天空的想象,并且要特别注意自己在收缩与伸展中身体、心理与肌肉的变化。

4. 波浪练习

在做练习时,两脚分开与肩宽,两手自然下垂站立。想象身体前面有一堵墙,然后用自己的膝部、腹部、胸部一个部分一个部分地去贴"墙面",再由脊椎带动使头部向前,上身放松,在头部的带动下,上身自然下垂。此后又从膝部开始向"墙面"贴去,重复以前所做的动作。如此反复多次。

在做这一练习时,要求能感觉到整个身体好像是波浪似的连贯起伏,又好像是一棵小树在风中摇摆。动作应连贯、柔和,使身体各部分都能得到充分运动,期间还要注意从腰椎到颈椎的活动对身体整个活动的影响。

(三)关于注意力的训练

1. 寻物练习

先找一个人帮自己一个忙,拿出一个物品,如一个钱包、一支圆珠笔、一张电影票等。自己则闭上眼睛,由对方把它藏在房间中的某个角落,然后再睁开眼睛去找,经过努力地搜寻,最后终于找到了那个被藏起来的东西。

找到后再把那个物品放回刚才藏的位置,在自己知道物品藏在哪里的情况下,假定自己不知道物品藏在哪里,回忆之前寻找的感觉再来表演一次寻物的过程。

提示:第二次表演时,你可能会真去寻找,也可能由于知道情况而装出找的样子。对比两次寻物练习,总结这两次寻物有什么不同,然后从中体悟在表演中去认真执行行动的重要性。

2. 倾听练习

练习时,要求自己能安静坐下来,真正去听房间里有什么声音,然后听房间外面有什么声音,再听更远的地方有些什么声音。最后说出,自己都听到了些什么声音,还有在听到这些声音时引起了些什么样的联想。

此外,还可以用录音机放一些自己不熟悉的乐曲,听后看自己能否哼唱出乐曲中主要的旋律或是否记住了其中的某些乐句。

(四)关于想象力的训练

1. 人的一生练习

练习的要求是:先后上场四次,通过这四次上场时的行动,看出一个人从少年到老年的变化。第一次上场是少年,第二次上场是青年,第三次上场是中年,第四次上场是老年。

在开始做这一练习时,可以不要求看出这个人的身世经历,而只需要在表演中呈现出年龄与心灵上的变化就可以。例如某位同学四次上场都是梳头,第一次是一个小孩子,爬上椅子,对着梳妆台的镜子,梳好小辫子,扎上一个红蝴蝶结;第二次,她坐在梳妆台前精心地梳头,不断地改变自己的发型,最后用发胶把自己认为满意的发型固定好;第三次,她走到镜子前,照着镜子把头发用手随便划拉了两下,提起拎包,顺手拿起一个哄孩子的玩具就跑了出去;第四次,她坐在镜子前呆呆地望着镜中的影像,然后缓缓地用梳子把头梳了一下,然后从梳子上把脱落的头发揪下来,拿在手里望了一会儿,叹了口气。

当同学们基本上能够把上面的要求做到后。同学们就应尽可能地通过四次上场表演,让人们看到你所饰演的这个人的一生命运变化。例如一个从小不爱学习的人,最后一事无成的经历;或者是一个从小就有理想的人,历尽人生磨难,却始终不渝坚守理想的经历。

提示:总之,做这种练习时,首先应想清楚你要饰演的到底是个什么样的人,然后再想象他一生中都有些什么样的经历,最后选出四个具有代表性的瞬间在舞台上呈现出来。

尽管这个练习要表现的是人的一生,但是在表演上却一定要简练和准确,表演最好能限制在两分钟内。

2. 动作合理练习

做这一练习前,先设计三个动作,然后把这三个动作组织起来,构成一个合情合理的行动过程。例如设计的三个动作是:坐下、向椅子底下看、翻书。同学则可以把这几个动作设想为某人在火车站候车室等车,看见还没有通知检票进站,就找了把椅子坐下来,并从提包中拿出一本书在那儿看,并顺手把车票夹在了书本里;少顷,突然听到通知检票进站的广播,于是他把书合上顺手放进了包里,然后准备去检票。不过在这时他忘记票夹在书里了,于是就在衣服口袋里找,没找到,又以为是掉在地上了,就向椅子底下看,在椅子下发现了一张小纸片,但不是车票。寻找无果后,他便停下来仔细回想自己前面看书时的情形,突然想起了什么,拿出书来,在里面翻出了车票,然后急忙向检票口走去。

提示:这一练习主要是训练同学们的想象力,训练同学使行动过程合理化的能力。

二、应试小品示范和点评

生　日

时间：某天上午

地点：学校大门口

人物：妈妈（友友的妈）　爸爸（友友的爸）
　　　友友　　　　　　班主任

（友友心惊胆战地上场，当走到台中的时候母亲上，母亲发现儿子）

妈妈：哎——友友。

友友：哎呀，妈，你怎么来了？

妈妈：不是给你过生日来了吗？听你说得了三好学生，你爸爸兴奋地一夜没睡，还邀请了所有的亲戚朋友准备为你庆祝生日呢。

友友：我逗你们玩呢！

妈妈：什么？逗我们玩？友友，你可别开玩笑！

友友：哎呀！谁开玩笑了，赶紧回去，赶紧回去吧。

妈妈：友友，你别吓唬我，你真没得三好学生啊？

友友：没有。

妈妈：你说你这孩子。

（妈妈顿时火冒三丈，想教训友友，可友友的调门比他妈还高）

友友：你干吗？

（妈妈怕被周围人听见，于是转而放低声音）

妈妈：没事，没事，那，那怎么办？

友友：我哪知道怎么办？

妈妈：这么着吧，一会你爸爸来了，你就哭，我给你求情。

友友：什么？我爸也来了？完了，完了，完了，完了……赶紧，赶紧试一次。"爸，我没得三好学生，我说我得了三好学生，我对不起老师同学，我对不起父母，我没脸见人了！"我说完就用水壶砸脑袋。

妈妈：你一砸，我就抱住你不让你砸，然后给你求情。

友友：那你也练练。

妈妈：这有啥好练的，求了这么多年了，你一会轻点砸啊！

（友友腿开始发抖）

友友：哎，你就不能赶紧堵他去，别让他来了?!!

妈妈：我堵他？对对对，我赶紧堵他去。

(二人刚要下场,正好被刚刚上场的班主任看见)

班主任：友友！怎么，家人来了也不说一声？走吧,阿姨,正好进来坐坐。

妈妈：那什么,我先去接他爸。

班主任：友友,别让你妈就这样走了呀！

友友：(对着妈妈说)你快去啊！

班主任：快去叫你妈回来呀！我正想跟她谈谈呢。

友友：噢。

(三个人刚要离场,爸爸上)

爸爸：哎呀,老师啊,真得感谢你们,感谢学校的教育啊！友友从小到大就一直是被学校老师教育批评的对象,我以前从不好意思到学校来看他,这回他可算是争了口气,当上三好学生了。

班主任：什么三好学生啊？

爸爸：友友的三好学生呀！

妈妈：哎呀,行了你,什么也没有,友友给咱俩开玩笑呢。

爸爸：开玩笑？这么说……你没得三好学生啊？

妈妈：你想干吗？要打先打我！友友,你自己说！

友友：爸,我没得三好学生,我说我得了三好学生……

爸爸：我方方面面请了16桌,你让我怎么解释？

友友：你等我说完呀！

爸爸：行,行,你说！我看你怎么说！

友友：爸,我没得三好学生,我说我得了三好学生,我对不起老师同学,我对不起父母……

爸爸：行,有进步,知道说对不起父母了？

友友：你还让说不让说呀！

爸爸：说瞎话你还有理了你！(上去要打)

妈妈：干吗？(爸爸举起的手最终打在了自己脸上)

友友：爸……算了,没意思,不说了。

妈妈：哎呀,宝贝,没事,说,妈给你撑腰,我瞧谁敢不让你说！

友友：爸,我没得三好学生,我说我得了三好学生,我对不起老师同学,我对不起父母,我没脸见人了！(说着用水壶砸头,妈妈上去抱住)

妈妈：别别,友友。(又对着友友爸)你看儿子都承认错误了,你别没完没了的了！友友不哭了,下回不许这样了,听见没有？

友友：听见了。

爸爸：我告诉你,任友友,以后你零用钱减半！

友友:你凭什么减我的零用钱呀?凭什么呀?

(妈妈见势不对,想上前对友友说,她可以把零用钱补齐,没想到友友却把她推开了,劲还挺大,让她差点摔倒在地上。班主任见状马上把友友拉到一边)

班主任:友友,你怎么能这样对你的父母呢?

(友友怔住了)

班主任:你父母因为听到你的好消息,那么大老远来看你,你就这样对待你的爸爸?!还让你的妈妈差点摔倒在地上!成绩不好,应该想法让自己的学习成绩提高,而不是用欺骗父母的手段让父母高兴。这样最终只能让父母更加伤心,你知道吗?

友友:爸爸、妈妈……

班主任:向你父母道歉!

友友:爸、妈……对不起!

(友友突然哭了)

爸爸:班主任真是谢谢你,谢谢学校,友友从来没有这样过。是我们平时太宠他了。

友友:爸,我保证,我明年过生日之前一定得个三好学生!

班主任:你有这样的决心就对了!还有今天全班同学知道你过生日,还专门准备了蛋糕等着你呢。

友友:真的啊!

(四人下场)

点评:这个小品,考生在构思的时候选取了自己较为熟悉的学校生活。小品主要展现的是主角友友由于在学校表现不好而欺骗家长,最终却被揭穿的事件。

对考生来说,完成这样的构思比较切合实际,表演起来也不会那么容易失真。所以考生在结构命题小品的时候应尽量选取一些贴近自己生活的素材。切忌硬搬某些影视作品中的桥段来结构小品,认为事件越大,矛盾冲突也就越激烈。可是这样的生搬硬套,往往会因考生不熟悉表演情境,而使表演流于矫揉造作。

不过显然这个小品的不足也非常明显。前期的矛盾铺垫还算具体详细,但是真正到解决问题和矛盾的时候,却又非常仓促和过于简单。骗局被揭穿后,父母的失望和班主任帮助友友认识到错误这些细节处理得过于简单,也不够巧妙。

旧货市场

时间:一天下午

地点:旧货市场门口

人物:摊主 路人甲 路人乙

(摊主拿着一个布包上场,坐在台阶上,看看周围没有警察,拿出一本银元册放在地

上,打开。然后拿出烟来点上。路人甲上场,发现银元册,上去看,然后蹲下,伸手去拿)

摊主:不买别动啊!

路人甲:多少钱卖呀?

摊主:两千八!

(路人甲又伸手去拿)

摊主:哎哎哎,不买别动,动坏了你赔得起吗?

(路人甲起身准备离开,摊主朝旁边的人使了个眼神,然后上来了路人乙)

路人乙:这是民国时候发行的那本银元册吧,多少钱?

(路人甲止步往回走)

摊主:你开个价吧!

路人乙:这个呀……三千您卖吗?

摊主:(看见路人甲回来了)三千,开玩笑!少四千五不卖!

路人乙:四千五……四千行吗?

摊主:这东西你认识,四千五还跟我砍,得得得,我不卖了!

路人乙:别呀,您别生气,别生气,我这就回家给您取钱去!

(路人乙刚要走,看了路人甲一眼,立马转身跟摊主说)

路人乙:要不您跟我一块去得了。

路人甲:(对摊主说)这您可不能去,弄不好出危险。

路人乙:(对路人甲)怎么说话呢你?(对摊主)您就在楼下等我,我上楼拿了钱就下来。

摊主:你家在哪啊?

路人乙:就那边那小区!

路人甲:那边就没小区,这么着,您卖给我,我拿着卡呢,到旁边银行我就把钱给您取了。

路人乙:怎么回事啊你,有没有个先来后到啊你?

路人甲:(对路人乙)你问他谁先来的。(对摊主)您说,是不是我先来的?

摊主:嗯,是,你先来的,这东西你要是现在要……可就是四千八了,这物以稀为贵嘛!

路人甲:行!四千八就四千八!

路人乙:哎哎哎,没你们这么办事儿的吧!不就是本银元册么,有什么了不起的啊!……(说完愤愤离去)

路人甲:(对摊主)走,跟我去取款机上取钱去。

(摊主收拾起地上的东西与路人甲一同下)

点评：表演这个命题的三个同学，几乎是把生活中观察到的骗子行骗过程在考场上进行了一次情景再现。严格讲这样的表演是不符合考试要求的。

表演考试的小品注重的是塑造人物形象，而不是展示故事情节。"重演人而不重演事"是应试小品的原则。而这个小品基本以流水账的形式展现了一个行骗流程，并且这样的事件也缺乏矛盾冲突与戏剧想象力。有的考生或许会认为自己已经在塑造人物了，但实际上考生只是表面化地演了一个骗子而已。

市　　场

人物：修鞋人　修车人　李大妈　打工妹
　　　民　工　小弟甲　小弟乙

（早晨，学校西街市场，一修鞋人第一次在此摆摊）

画外音：金蛋啊！

修车人：嗨，兄弟，吃了吗？

画外音：吃什么吃啊！你的摊都被人占啦！

修车人：啊！谁敢在太岁头上动土？

（修车人推着三轮车冲到自己平时摆摊的地方，只见一修鞋摊已经占了自己的老地方。修鞋人正低头看着报纸，并没有觉察到身边已经站了一个人。修车人一番打量后干咳了几声，亮出自己的修车招牌，并往地上使劲一跺，修鞋人急忙回身，看到修车招牌）

修鞋人：呦！这是您的摊啊！对不起！对不起！我是新来的，不知道。（一边说一边把自己的摊挪开）

（修车人则傲气十足地在自己的地盘上摆起摊来，一边摆摊还一边同过路的熟人打着招呼）

修车人：（转头）哎！哥们！新来的？

修鞋人：是。

修车人：哪儿人啊？

修鞋人：重庆的。来北京没多久。

（一听是外地人，修车人更是对修鞋人来了一通冷嘲热讽。不过修鞋人并不搭理，仍低头看着手里的报纸。这时打工妹上）

打工妹：师傅，您这儿修鞋吧？

修鞋人：是。

打工妹：师傅，那您给我看看这双鞋，我的鞋开胶了。（把鞋从脚上脱下递过去）

（李大妈上，修车人主动上前跟李大妈打了招呼，而李大妈却径直来到了修鞋摊）

李大妈：（拍了一下打工妹）呦！小妹，今儿鞋坏了怎么不上我们家修啊？

打工妹：大妈,今儿我急着赶车,来不及上您那边去了。

李大妈：没几步路的事,要不大妈给你拎过去?

打工妹：那多不好,这儿都给修上了,还是下次吧。

李大妈：(不悦)行!你坐吧,记得下次过来啊。

(李大妈上下打量着修鞋人,转身把修车人拉到一边打听起来。修车人乘势开始搬弄是非,说这个外乡佬抢了李大妈家修鞋铺的生意,李大妈越听越火,决定要给他点颜色看看)

打工妹：(穿鞋起身)多少钱?师傅。

修鞋人：给一块钱吧。

(打工妹给钱后下场,李大妈拿着一双胶鞋上场往修鞋人的摊上一扔)

李大妈：给我修修。

修鞋人：(拿起鞋看了半天)这,哪儿坏了?

李大妈：(找茬)把它给我修成皮的。

(修车人一旁暗笑。修鞋人最终无奈地双手把鞋拿到李大妈脚边)

修鞋人：不好意思,修不了。

李大妈：哎呀!我可告诉你,没有那金刚钻就别揽这瓷器活儿,这鞋都修不了还敢在这里摆摊。我跟你说,这鞋你今天是能修也得修,不能修也得修,修不了就趁早给我滚蛋!

(修鞋人拿起一双皮鞋走到李大妈跟前)

李大妈：干吗呀?

修鞋人：我给你钱,你把他修成布的。

李大妈：(大怒)哎呀!你说什么?

修鞋人：把它修成布的。

(李大妈哑口无言,气得直跺脚。修车人趁机火上浇油,并给李大妈出主意,干脆花钱去雇一个工地上干活的民工来掀修鞋人的摊儿)

李大妈：能行吗?

修车人：没问题,我跟您说,重赏之下必有勇夫。

李大妈：好,我非得出出这口气。你等着瞧吧。(转身走)

修鞋人：请把您的鞋拿走。

(李大妈气冲冲地拿起鞋下场)

(两个衣冠整洁、戴着墨镜的人寻找着上场,一人拉着一个行李箱。走到修鞋人跟前,仔细上下打量)

修车人：(心想)我的妈呀!这么快!

(那两个人站在修鞋人面前良久,突然同时丢掉行李箱,给修鞋人跪下了)

两人同时道：大哥，我们终于找到你了。三年了，我们好想你呀！

修鞋人：谁是你们大哥？你们认错人了吧！

小弟乙：大哥，跟我们回去吧。

小弟甲：大哥，自从我们得知你出狱之后，我们兄弟俩就一直在找你啊！

小弟乙：我们一路从重庆找到北京，这么辛苦，可算是找到你了！

小弟甲：大哥，三年前的那件事是我连累了你，坐牢的应该是我，都是我的错！（一边说一边扇自己的脸）

小弟乙：不，应该是我去坐牢，都是我的错。（一边说也一边扇自己的脸）

（两人为此互不相让，竟然争了起来）

修鞋人：够了！（上前去扶他们）站起来，站起来，站起来，你们都给我站起来！

两个小弟：你不跟我们回去我们就不起来。

（争不过二人，情急之下，修鞋人转身捡起一块砖举起）

修鞋人：（呵斥）你们站不站起来？

（见两人还是久跪不起，修鞋人毫不犹豫地将举起的砖拍在了自己的头上。这一举动吓坏了两个小弟，慌忙站起）

小弟乙：大哥，你没事吧，大哥你流血了！

小弟甲：大哥，你当年不是说出狱以后我们东山再起的吗？

小弟乙：大哥，你变了，你不像我们以前的那个大哥了！

修鞋人：这三年，在狱里，我想了很多，我不想再过那种打打杀杀的日子了。没错，我以前当大哥，的确很"风光"，人人见了我都要赔笑脸，看上去也似乎很敬畏我，可那又怎么样？我进了监狱，牢里没人再当你是大哥，我妈为了救我，几十岁的人，跑遍了整个重庆，找遍了所有的律师，但没有人敢接这个案子，最后她在来看我的路上，她——她——（哽咽，说不出话）。现在，我有了新的生活，请你们不要来打扰我了，你们走吧，走吧，我求你们了！（说着跪下，小弟见状也跟着跪下）

（修车人看到眼前的一切，恍然大悟）

修车人：（讨好地扶起修鞋人）哎呀！走嘛走嘛！唉！两位兄弟，你们大哥都给你们跪下了，你们还想怎么着啊？

（两个小弟瞪了他一眼，修车人吓得躲到了修鞋人的身后。两个小弟慢慢起身站起，并且一起给大哥深深鞠了一躬）

两个小弟：大哥保重！（说完起身离开）

（修鞋人目送自己的兄弟离开，修车人正欲上前讨好，这时李大妈急匆匆地上）

李大妈：（拉住修车人）过来过来，我按你的主意搞定了！一会儿就过来，本来要收我150块钱，我说不用怎么着，就是吓唬吓唬得了，结果100块钱就搞定了，拣了个大便宜。那小伙儿，胳膊有那么粗，胸肌有那么高，收拾他不在话下，你就等着看戏吧。

修车人：大妈，错了，错了！

李大妈：哎呀！干啥玩意儿，错啥了？

修车人：这人打不得。

李大妈：为啥啊？

（修车人把李大妈拉到一边，说了几句悄悄话）

李大妈：哎呀！真的啊？

修车人：真的！

李大妈：咋不早说呢！

修车人：我也刚知道呀！

李大妈：人一会儿就来了，这人愣着呢！咋整啊？（着急了，过去掐修车人）你说你这个死胖子，什么好主意不出？净出馊主意，你说我跟你大爷这辈子怎么能得罪他这种人呢，你说你——

修车人：（被掐得直叫）行啦！我叫你抢银行你也抢啊？（一把推开大妈）

（民工上场，见李大妈被人推开了，不分青红皂白一巴掌把修车人打倒在地）

民工：就是他啊？胆子肥了你！大妈你先坐着，别溅你一身血！

修车人：这位大哥，我不是有意的。还有你弄错人了！

民工：大妈，看好了，今天这100块钱的活儿，哥们给你干出500来。（顺手拿起手边的修鞋招牌追着修车人打）

李大妈：哎呀！不是他！

修车人：哎呀！救命啊！打人了！

（突然间，民工停下来指着手里的招牌问李大妈）

民工：大妈，这字念啥？

李大妈：鞋。

民工：（疑惑）修鞋。

李大妈：是。

民工：（迷惑）到底打哪个？

李大妈：（着急）你听大妈的，这儿谁都不打了。

民工：（思索着）大妈，你啥也别说了。我明白，你一定是有难处。

李大妈：嗯！

民工：噢！您一定是怕他报复你吧？你放心，一般经过我手的，基本上都丧失了生活自理能力，绝不可能报复你。你就准备付钱吧。

（民工说着就向一旁的修鞋人走去，顺脚还把招牌踢向鞋摊。修鞋人怕惹事，仍低头不语。民工上来二话不说，就要踢修鞋人，修鞋人躲开了。再一脚踢去时，被修鞋人顺势一带，民工被重重摔在了地上）

李大妈：(扶民工)没事吧？你们谁伤了，大妈我也赔不起啊！

民工：(气愤)大妈，你别管了。这事已经不是钱的问题了，是尊严啊！小子有种你别走，你等着——(跑下)

李大妈：哎呀！这下可怎么办啊！

修车人：大哥，好汉不吃眼前亏，你赶快离开这儿吧。

李大妈：小伙子，对不起啊！大妈有眼不识泰山。对不起啊！大妈糊涂啊！(一边说一边帮他收拾东西)

(修鞋人无奈地站起来拿着东西离去，修车人也赶紧收拾东西走人)

李大妈：(一个人在场上)哎呀，这是什么事儿啊！(一屁股坐在了地上)

点评："市场"这个命题是典型的环境类命题，通常这类命题都会出现在表演专业的初试考题中。构思这类命题，主要还是靠考生平时对生活的观察与积累。

处理以上这类命题，考生首先要确立在这个环境中所熟悉的人物形象，然后再将这个人物形象的特点进行合理地放大。在这个构思当中，考生选择了修鞋匠与修自行车的人作为自己要塑造的人物形象，这不但贴近生活，也符合"市场"这个环境命题的人物设定。

接下来，考生还对每个人物进行了性格区分，并丰富了每个主要人物的前景生活。修鞋人是个少言寡语、不愿再招惹是非的刑满释放人员；修车人是个油嘴滑舌、见风使舵，在市场摆摊多年的"老油条"；李大妈，也在市场摆摊多年，是个自私自利、蛮不讲理、仗势欺人的市井妇人。

三个主要人物设定好了，接下来主要就是设置人物之间的矛盾冲突了。不过需要提醒考生注意的是，在矛盾冲突的设置上，一定要符合人物性格与生活逻辑。

在这个小品中，矛盾冲突的发生是因为新来的修鞋人无意间占了修车人的摊位。在两人的矛盾冲突当中，修鞋人的性格与经历导致了他的一再忍让，但修车人仍得理不饶人，并挑拨市场摆修鞋摊的李大妈来刁难修鞋人。于是另一个矛盾冲突又出现了，在这个新的冲突当中，李大妈蛮不讲理、仗势欺人的人物性格得到充分展示，修鞋人忍无可忍后的行为也激怒了李大妈，导致李大妈要去搬救兵砸摊。

这个时候，小品的发展预示着更大的矛盾冲突要发生了，而就在这个过程期间，两个串场人物——忠心耿耿追随老大的两个小弟的出现有些让人意想不到。不过这两个人物与修鞋人的举动又符合情理，并在这个过程中揭示出了修鞋人的前景生活和目前的内心世界。

这个突如其来的段落，看似夸张，不合情理，但是却体现出了构思者的想象力与幽默感，并且使得整个剧情峰回路转，矛盾冲突加剧。所以当李大妈从修车人那里得知修鞋人的背景后，吓得懊恼不已。可恰在李大妈感到懊悔时，那个鲁莽无知的民工的上场又将矛盾冲突推到了最高峰。在这个段落中，演员运用的误会法使情节带有浓烈的喜感。

并且其中很值得一提的是民工这个人物形象,虽然他只是个功能性人物,但构思者为他设计的"一根筋"的特点仍使他在众多小品人物中凸显了出来。

整个小品构思很有意思,人物形象鲜明,矛盾冲突设置合理。虽有个别地方有些违背生活逻辑,但却很好地体现了编剧者的想象力与幽默感。

公　厕

地点:街道公共厕所

人物:看厕大妈　夫(丈夫)　妻(妻子)　假小子
　　　老太婆　　老大爷　　路人

(早晨街道上的公共厕所,看厕大妈开始打扫卫生)

(一对正在吵架的夫妻上场)

妻:打打打！钱都让你输光了,现在连坐车回家的钱都没有了。

夫:你的嘴能不能歇会儿,从别人家出来你就一直唠叨到现在。

妻:我能不唠叨吗?

夫:就我输了啊,你没输吗?凭什么把责任都推到我身上?

妻:我是输了,可我是女人啊,你呢?一个大男人,打了那么久,连一局都赢不了。

夫:你别每次都把男人拿出来说话啊！男人也是人,男人就不能输牌了。(向厕所走去)

妻:你干什么去?

夫:撒尿！(进男厕)这女人真烦！

妻:(进女厕)你说谁呢?(男女厕不隔音相互能听见说话)

夫:说你,就说你,怎么样?

妻:窝囊废！

夫:你说什么?

妻:窝囊废！

夫:好啊,我是窝囊废,你别跟窝囊废过啊,你走啊你。

妻:你以为我不想走,告诉你吧,我早就过够了。(走出女厕)

夫:(走出男厕)哎呀,你还走呢！你能走哪儿?你还以为自己是一个足球,二十多人抢你一个呀！

看厕大妈:(见两人没付钱就要走,上前拦住)哎,先交了钱再吵行吗?

妻:你以为你是谁啊,也不撒泡尿照照自己,我呸！

看厕大妈:停停停！先交了钱,你们爱上哪吵上哪吵去！

夫:走开！管她要去！

妻：走开！管他要去！（两人快步下）

（看厕大妈追了两步没追上，这时一个假小子上场往女厕里去）

看厕大妈：（叫住）小伙子，那是女厕。

假小子：（回身挺胸）你嚷什么啊！眼睛长哪儿了？说谁小伙子呢？看不出是女的啊！（说完进了厕所）

看厕大妈：这叫什么事！非把自己打扮得不男不女的。

假小子：看厕所的，这里面怎么连手纸也没有啊！

看厕大妈：你没交钱我怎么给你手纸呀？

假小子：你不给我手纸上我怎么往出走啊？怎么给你钱啊？赶紧拿点纸来。

看厕大妈：真麻烦！

假小子：啊！就这么点手纸啊？够干什么的啊？还有吗？

看厕大妈：就这么点了！

假小子：你手干净吗？

看厕大妈：你说呢？

假小子：唉，真烦死了。（出女厕要走）

看厕大妈：哎！给钱啊！

假小子：给什么钱？哥们儿今天没拉出来！（将手纸扔了回去转身走）

（看厕大妈无奈，一老头抽着烟上场，远处传来一老太太的声音，老头急忙扔掉烟）

老太婆：老头子你怎么跑这儿来了？也不告诉我一声。

老大爷：你不是在那儿买早点吗？我在这等你。

老太婆：来来来，趁热吃，这是刚找的五角钱，快把它放好。

老大爷：这包子怎么这么咸？

老太婆：你就将就点嘛。（包子掉地上）哎呀！老头子。

老大爷：不要了，不要了。

老太婆：这点脏的，拨了皮还能吃。快把地址拿出来看看，去朝阳医院，这731路车怎么坐呀？

老大爷：看个病都这么麻烦。

老太婆：找个路人问问嘛，把地址放好。老头子，你在这儿休息，我上趟厕所咱们就走。（老太太去厕所）

老大爷：行，我等你。（老太婆到厕所门口看了看，又回来了）怎么这么快就上完了？

老太婆：这上厕所还要五角钱呢。

老大爷：五毛就五毛，上吧。

老太婆：哎呀，不上了，不上了。

老大爷：去吧，不就五毛钱吗？大活人难不成还被尿憋死？去去去（把老太太往女厕推）

看厕大妈:(从收费处探出头)哎!走错了?

老大爷:嚷什么嚷?老太婆上厕所我来给钱,多少钱?

看厕大妈:五毛!

老大爷:不就五毛吗?

看厕大妈:有没有啊?

老大爷:急什么急,找找,(发现找不到钱)老太婆出来。

老太婆:我刚解开裤腰带。

老大爷:你出来。

老太婆:我还没上呢。

老大爷:你给我出来!

老太婆:干吗呢,老头子。

老大爷:老太婆,钱搁你那了吗?

老太婆:怎么在我这儿,不是都在你那儿吗?

老大爷:没了。

老太婆:没了?我不是给你缝那了吗?来,我看看(说着就要往老头腰里掏)

老大爷:丢不丢人啊?

老太婆:快找找。

老大爷:(不好意思)帮我挡着。

(看厕大妈不明就里地看着两人)

老太婆:你再仔细找找,我帮你挡着。

老大爷:(一惊)穿了!

老太婆:穿了!哎哟,500多快呢!!

老大爷:摸什么摸?穿了!(手指从口袋穿出个洞)

老大爷:(着急)你这死老太婆干什么中用啊?跟你说没病没病,非要带我来看病,败家货!(掏出烟来抽)

老太婆:这一路也没看见钱丢哪儿?(见老头抽烟)老头子你还敢抽烟?不要命了?(夺过烟扔在地上)

老大爷:你踩,我还抽!

老太婆:你敢点,你试试?我还带你来看病,抽死吧你!我才不管你呢!

老大爷:你这死老太婆,嘴够毒的!我还不抽了,我就好好活着,气死你!

老太婆:你买这烟是哪来钱的?

老大爷:小兜里的。

老太婆:什么时候买的?

老大爷:刚才你买早点那会。

老太婆:你还怪我,是你弄丢的吧?你干什么中用呀!

(老头老太婆说着尿憋的越来越急,老头向看厕大妈走去,手里拿着仅有的五角钱)

老大爷:这位妹子,你看五角钱让我们老两口都上了行不?

看厕大妈:不行!

老太婆:那我和你大爷都蹲一个坑行吗?

看厕大妈:有病啊!

老大爷:老太婆你别丢人了,这厕所我上了都觉得丢人!你上吧!

老太婆:你去上吧!

老大爷:你上。

老太婆:你上。

老大爷:你上,我憋着。

老太婆:别憋出病来。

老大爷:我浑身上下都没病,这点尿憋不着我。

老太婆:别撑了,快去。

老大爷:你去!你去!

老太婆:你去!

老大爷:你不上,我也不上了。

老太婆:你不去是吗?我也不去。(见到过路人上前)哎呀,大姑娘,我和你大爷要上厕所就差五毛钱了。你能不能行行好?

路人:哎呀!不就五毛钱吗?(随手拿出钱扔在地上)

老太婆:(弯腰拣)谢谢啊。

老大爷:(冲上前)老太婆,丢不丢人啊?(将钱扔回给路人)

路人:有毛病啊?

老大爷:(气愤、责怪)学会跟别人要钱了啊?我这没病都被你气出病了。

老太婆:(委屈)我容易嘛我,跟了你大半辈子了,一直受你这个臭脾气,还说我给你丢人……(一屁股坐在地上哭诉起来)

看厕大妈:(在一旁看着刚才两人的举动,产生怜悯)哎,老头你过来。

(老大爷装没听见,不理会。看厕大妈走上前去)

看厕大妈:你这倔老头也真是不知好歹,人家老太太明明是心疼你,为你好,才去管人家讨钱,你不但不领情还责怪人家,真是太不应该了!钱丢了总得想办法解决啊,你光会冲老伴发脾气有什么用。算了,今儿不要你们钱了,先去上厕所吧。

(老头听后不好意思地点着头,连声道谢走到老太婆身边,将她扶起来,之后两人都进了厕所)

老大爷:(自语)哎,我怎么又跟老太婆较上劲了?老太婆是我不对,不好,老太婆,是

我不对。（没想到男女厕所是不隔音的）

老太婆：（听到老伴的自语）老头子你说什么呢？

老大爷：（一惊）我什么也没说。

看厕大妈：（在收费处同样也能听到他们的对话）他说了！他说是他不对，他以后会对你好，什么都听你的。

老太婆：是吗，老头子？

老大爷：后面两句我可没说啊！

老太婆：那你以后还抽烟吗？

老大爷：每天抽三根，行吗？

老太婆：不行。

老大爷：两根行吗？

老太婆：不行。

点评：这个命题属于典型的环境类命题，而且还给出了比较具体的环境，因此这个小品在人物设置上会存在一些局限性。所以，在这样的环境命题下，设置什么样的典型人物显得比较重要。

以上这个小品设置了三个主要人物：看厕大妈和一对老年夫妇，并给他们各自赋予了较鲜明的人物性格。看厕大妈是一个工作态度认真，做事一板一眼，刀子嘴豆腐心，爱较劲的中年妇女；老大爷是一个脾气倔强，有些大男人主义思想，死要面子活受罪的倔老头；老太婆是一个标准的农村妇女形象，照顾老伴精心细微，没有太多主见，质朴憨厚。

小品构思中有好几层铺垫：第一、把公厕设定为收费公厕，这为后面的矛盾冲突做了必要铺垫；第二、一大早，看厕大妈接连碰上了两件不顺心的事，两次没收到钱并被人数落，心情糟糕透了，这是第二层铺垫。紧接着，两个来城里看病的农村夫妇上场，在要掏钱上公厕的时候，发现钱包丢了，这件事情又引起了两人的争执，同时由于两人钱不够，想上厕所又不能，继而和看厕大妈又发生了冲突。

由于之前看厕大妈的糟糕心情，所以在此处，看厕大妈和二老不依不饶，从而致使矛盾冲突加剧。接下来，二老见与看厕大妈商量无望，老太婆开始向路人借钱，遭到死要面子的老伴反对，二老因此再一次产生争执。不过这种争执恰又体现了二老之间的感情，折射出二人磕磕绊绊，拌嘴吵架的一生。最终，老太婆对犟老伴的容忍激发了看厕大妈的同情心，主动出来缓解了二老的矛盾。这个设计合情合理，符合生活逻辑，使得结尾段落颇具情趣。

这个小品构思中，构思者还巧妙地将男女厕所设计成可以相互听到对方说话的不隔音空间，从而增加了小品的矛盾冲突点和幽默感，体现出了构思者的想象力。

公园一角

地点:街心公园

人物:毛(大毛)　马(小马)　宏(阿宏)
　　　盲人　　　夫妇　　　少女

(早晨,街心公园内,两个抱着吉他的年轻人一个在睡觉,一个在弹吉他。这时他们的同伴小马提着吉他上)

马:(踢了踢睡觉的大毛)还睡不够呢!(拍拍弹吉他的阿宏)还有你,别成天自个儿在那练琴,我们是出来讨活的,不是出来让你练琴的,不然喝西北风啊!

毛:你还好意思说!现在几点啦!

马:我,我容易吗?我整晚不睡觉地练歌,不然能有我们的乐队吗?来大毛!给哥点根烟开开嗓。

毛:不给,最后一根了。(两人抢了起来)

(这时有一对夫妇向他们这边走来)

马:来人了,来人了。干活干活!准备好没准备好没?准备好我们就开始了。(三人急忙拿起吉他弹奏起来)

(夫妇俩走到他们跟前,三人卖力地弹唱着)

夫妇:(听了一会儿)没什么意思,走吧!

(三人的表演积极性一下被打消了,他们放下了吉他)

马:(对同伴)有点激情好不好,有点激情好不好,(指阿宏)还有你,成天哭丧着脸像家里死人了一样。

宏:你家才死人了呢!(三人争吵起来)

(这时一个手里拿着二胡的盲人老头上,走到他们的不远处坐下,开始拉二胡卖艺)

(盲人老头的琴声吸引了很多路人,人们不由得驻足欣赏并纷纷给钱,使得不远处的三个年轻人十分嫉妒)

毛:(远远看着盲人老头跟前收钱的帽子)都十块了!

(这时一个提着琴盒,背着书包的少女上。三人乐队立刻被少女的外貌吸引了,不约而同地拿起吉他冲着她弹唱起来,可少女视而不见,径直走到盲人老头面前驻足聆听)

少女:(待老人一曲拉完)大爷——大爷——大爷!

盲人:哎!

少女:大爷,你拉得真好!

盲人:哪里哪里,老瞎子乱拉的。

少女:大爷,你刚才拉的是由黄海怀改编的二胡独奏曲《江河水》吗?

盲人:对。

少女：大爷，你是怎样运用揉弦的手法来体现这首曲子要传达的思想感情呢？

盲人：哦，小姑娘，那你对这曲子了解多少啊？

少女：嗯，这是流传在东北地区的曲子，但之前是双管独奏的，后来经过黄海怀改编成了二胡独奏曲。其他的我就不知道了。

盲人：呵呵，那你肯定不知道这曲子后面的故事吧。

少女：故事？

盲人：话说——当年有一对恩爱的夫妻，丈夫不幸被官府抓去服了苦役，在工地上受尽百般折磨而死。妻子听到这个噩耗飞奔到当年送别丈夫的江边，面对滔滔的江水，不禁回想起往事——咳——痛不欲生啊——所以啊，这曲子是声声泣血啊。怎样？听了这个故事后是不是有种悲凉和愤慨在心中涌动啊？

少女：（点头）嗯！

（这时一旁的阿宏也凑上来认真地听着）

盲人：感受内心的东西，那才是灵魂！手法什么都是次要的。记住！曲随心动啊。

少女：嗯！老师可没说过这个啊！

盲人：哟！你是学音乐的吧？啊呀！班门弄斧了！老瞎子乱说的，乱说的。

少女：不不不，谢谢你大爷（给钱）。

盲人：谢谢，谢谢！

少女：大爷，再见。

盲人：再见，（摸到少女给的大钞）姑娘，给多了！

（一旁的小马、大毛看到眼前的情景十分嫉妒，认为老头抢了他们的生意，决定扮作城管来吓跑老人）

马、毛：城管来了！快跑啊！（三遍）

（盲人老头闻声拿起自己的东西就要逃，慌忙中摔倒在地上，阿宏急忙去扶）

盲人：（惊慌）别抓我，我不拉了，我不拉了。

宏：大爷，我不是城管。

（扶老人坐下）

马、毛：（一边拉阿宏一边轻声）过来阿宏，你个叛徒，鄙视你！（阿宏不理）

宏：大爷。

盲人：你是谁？

宏：我是那个弹吉他的，刚才是我的兄弟跟您闹着玩呢。

盲人：（突然意识到）哟！老瞎子是不是妨碍你们了？我这就换地儿。

宏：没没没。大爷，（开始请教）为什么你的曲子能那么扣人心弦、引人入胜呢？

盲人：（谦虚）呵呵，瞎玩呗！

宏：您谦虚了，其实——其实我对二胡也挺感兴趣的，您给说说吧。

盲人:你喜欢二胡?

宏:嗯。

盲人:真是难得啊,你喜欢什么曲子啊?

宏:(努力想)二泉映月!

盲人:这是好曲子啊!阿炳把他悲苦曲折的一辈子都放在里边了呀,听这曲子就像是在听他讲故事。他以一声长叹领头就像是讲故事的前兆,乐曲的整个主题可以分成两个乐句:上一个乐句是抒情,优美地将他坎坷的人生娓娓道来;下一个乐句逐步把故事推向高潮,情绪渐渐激烈起来。整个乐曲围绕着阿炳悲苦一生展开!全曲的高潮就是老人对命运的抗争,对黑暗社会的控诉!就像是贝多芬叩击命运之门那样(越说越激动)。其实音乐这东西,无论哪种形式和哪种语言都是一样的,只是形式上有所差别而已。我认为只要了解了这个时代,就能创作出最现代最动人的音乐!

宏:(听入神)那——那——吉他也可以吗?大爷,您,您知道吉他吧?

盲人:呵呵呵,不瞒你说,我也玩过那东西。

宏:(对大毛)把吉他拿过来。

毛:他会吗?

宏:拿来。大爷,(递过去)您来一曲吧?

盲人:哟哟哟,算了算了。

宏:没关系,来吧。

盲人:那老瞎子就献丑了!

(老瞎子接过吉他以非常娴熟的技法弹了一首现代味十足的曲子,把三个年轻人听得目瞪口呆)

马、毛:(惊呼)高人,高人啊!

宏:大……大爷,我们有一个原创的曲子,劳您给指点一下。

盲人:指点不敢当,切磋切磋,互相学习嘛。

(于是,三个年轻人弹起了自己原创的吉他曲,老瞎子根据他们的旋律也拉起了手里的二胡,四人一起的合奏,旋律非常优美,吸引了大批过路人,人们纷纷掏出钱给他们)

点评:此命题为环境类命题的集体小品,多出现在表演考试的初复试中。一般来讲,考生拿到"公园一角"这样的命题通常都会去表演一些晨练的、摆摊的、郊游的诸如此类的人物形象。而以上小品的构思者却把人物设计成了流浪艺人,可见其对生活的观察和体验还是比较丰富的。

除此之外,构思者还把流浪艺人分为了两个阵营:一边是勤工俭学的大学生组成的小乐队,他们所推崇的是流行音乐;另一边是一个卖艺多年的瞎眼老艺人,所演奏的是民族音乐。双方的矛盾冲突点是新来的瞎眼老艺人抢了小乐队的风头,吸引了大批路人,使小乐队感到颇为嫉妒。不过在之后的过程中,小乐队内部对瞎眼老艺人的态度也产生了分歧,其中一人对瞎眼老艺人的二胡技法颇感兴趣,另两人却想戏弄瞎眼老艺人。

这种矛盾设置合情合理,体现出了三个年轻人不同的人物性格。三人中的两个年轻人与瞎眼老艺人较劲的同时,他们中的另一个人却制止了他们,反而向老艺人虚心讨教民族音乐的演奏技法。谈到高兴处,老艺人在年轻人面前显露出的娴熟的吉他弹奏技法一下把三个年轻人都征服了。

这样的设计虽有一定的夸张,但用在此处却也恰到好处。不但体现了构思者的巧妙用心,也很好地解决了矛盾冲突。故事结尾处,民族音乐与流行音乐来了一次合奏,显示出了构思者的独具匠心,也使整个构思的深度得到了提升。

小品中的人物性格塑造比较突出的是那个瞎眼老艺人。外表虽不起眼,但在音乐方面却身怀绝技,精通民族与流行两种音乐形式,有些像武侠小说中的江湖隐士。这种设计看似夸张,但也恰到好处。

回家过年

地点:飞机上

人物:小妹　大姐　空姐

(候机大厅里广播响着:飞往沈阳的3130次航班将于20:00正式起飞,请乘坐本次航班的乘客于13号登机口登机)

(机舱内)

空姐:你好。(机舱口空姐的接待声)

大姐:很好!(大姐上场,兴致勃勃地看了一眼新环境,拿着票找自己的座位,心想座位号应该写在座位后背吧。怎么看不见呢?这时空姐上前)

空姐:你好,请问有什么事需要我为您服务的吗?

大姐:没事,找座位呢。(心想这号肯定是写在椅子上的,自己总能找着)

空姐:请您拿票给我看一下。(大姐把票给她,空姐看完票指示大姐看眼前的座位,您的座位就是这里)

大姐:我就知道是这里了!(心想空姐连椅背也没看,怎么找到的呢?顾不上那么多了,先维护面子)

空姐:(礼貌地点头)还有需要我为您服务的吗?

大姐:不用了,谢谢啊。(空姐退回到服务间,大姐在座位上纳闷,围着座位仔细看号是写在哪的)

空姐:你好!

小妹:(一脸兴奋与好奇的小妹上场,身穿着一层又一层的厚厚的衣服,左提右挎地上场。盯着眼前漂亮又礼貌的女孩)你就是空姐吧?

空姐:是,很高兴为您服务。需要我帮您放行李吗?

小妹:(听到空姐问行李,紧张)不用了,不用了,这都是我的随身物品。(说完就进到机舱,好奇地观察四周。看到前方有个空位。赶紧大步走去)

大姐:你是坐这儿的吗?

小妹:啊?这还对号呀?大姐,我第一次坐飞机,你能看看我该坐哪吗?

大姐:电影院去过吗?电影院怎么找,这里就怎么找。

小妹:(鞠躬表示谢意)哦!(拿着自己的行李,转身到椅背后找座)

空姐:有什么需要我为您服务的吗?

小妹:你看看我该坐哪?(递票给空姐)

空姐:你的座位在这里。您需要我帮你把行李放到行李架上吗?

小妹:不用了,不用了。

(空姐礼貌地退场,大姐好奇地打量小妹,小妹友好地向大姐问好)

大姐:你不热呀?

小妹:热。

大姐:热,你穿那么多干吗?

小妹:我也不想呀。刚才机场工作人员说我行李超重,要罚我钱。我的机票都是打两折才买的,哪舍得为这些行李还花钱呢,我其实——

大姐:啊!你说什么?打两折?(大姐打断小妹的话)

小妹:是呀,我也不想坐飞机,快过年啦,去火车站汽车站,票全卖光了,飞机票正好打折,家里又有重要事情一直催我回去。呵呵,到这来,行李超重还说要罚款。嘿!突然灵机一动,就把这行李问题全解决在自己身上了。呵呵!他们总不能说我超重吧。那些工作人员也拿我没辙,我就顺利上来了。只是走起路来有点迈不开。看,这些衣服都是我买给家人的。这件是送给我太姥爷的,他过寿。这件送给表姨,这件给我妈,这件给我妹。呵呵,都还不错吧。(边说边一件件脱下身上的衣服,一件件介绍。整理好后,发现自己的座位底下放不下这些行李)大姐,剩下的这些,放你那儿行吗?

(大姐看了一眼,勉强地让开脚。心里还在为自己打五折的机票感到心痛)

小妹:谢谢。

大姐:你快点行吗?(把脚抬得很高,有点不耐烦)

小妹:好好好!(加快动作放好行李)好了。

大姐:你怎么还把裤子缠在脖子上啊?

小妹:噢,我忘了。这是买给我从没见过的姐姐的。她是我妈妈的一个表姐的女儿。

大姐:这是你买的?

小妹:是呀,是我精心挑选的,听说她一直在广州打工,混得特别好,这次过年也回去。第一次见面,这是我给她准备的礼物。我想呀,回头能跟她去广州就好了。

大姐:这——比你那好看。(说着拿起手机,准备打电话)

小妹:(小妹见大姐准备打电话,想起自己的手机来。但又记得别人告诉她手机不能在飞机上用)大姐,这飞机上不是不能使用手机吗?

大姐:哦,高级的手机就能用。

大姐:是吗?(听大姐这么一说,也想用手机在飞机上打个电话试试。结果没找到手机,于是着急起来)大姐,我的手机找不着了,你能拨一下我的号码吗?我听听在哪儿呢!

大姐:说,多少号?

小妹:132…8019

(电话响了,闻声发现在大姐座位底下的包里,小妹急忙找手机,大姐又不得不把腿抬起来)

大姐:你拖出来找嘛!(大姐一直抬着腿,有些不耐烦了)

小妹:好好,找到了。(把刚翻动的包又放回到原处)

大姐:哎呀!我好辛苦呀。

小妹:啊?大姐,你好幸福呀?

大姐:不是,我抽筋啦!

小妹:抽筋?抽筋好办!(拿起大姐的脚,很熟练的样子弄了弄)呵呵,没事了吧?

大姐:啊?(发觉没抽筋了)小妹你还真有两手呀。

小妹:没事,我从小在农田里干活,这是常见的事!

(大姐的电话响起,小妹在拨电话)

大姐:喂,妈,我上飞机了。

小妹:喂,爸爸,我上飞机了。

大姐:哦,三婶在呀?

小妹:四叔在旁边呀?

大姐:二姑在说什么?

小妹:什么?你们都到太姥爷家了?

大姐:我怎么去呢?

小妹:那把地址给我。

(两人听着电话,记着地址,这时广播里播音员提醒大家飞机马上起飞,空姐开始例行检查)

小妹:真的?那个姐姐也是今天到!

空姐:您好!飞机马上就要起飞了,请您关闭手机!

小妹:哦!爸爸,空姐叫我关机了,拜拜!

空姐:(对着还在打电话的大姐)你好,飞机马上就要起飞了,请您关闭手机。

（大姐挂了电话，把手机给空姐看，以示自己的手机很高级，是不是不用关）

空姐：对，请您关闭，再检查一下安全带。

（小妹奇怪大姐的高级手机为什么也得关掉，但也没说。不知道安全带该怎么系，偷瞄大姐的系法，也学着将安全带随便打了个结。看了看空姐，以示自己已经系好安全带）

空姐：（微笑）不是这样系的，我来帮你系。

（这时候大姐意识到自己的安全带系错了，赶紧拿手边的包挡住，怕出丑）

空姐：你好，检查一下安全带。

大姐：已经系好了。（空姐礼貌地退下）

小妹：大姐，怎么你的高级手机也要关掉呀？

大姐：坐高级的飞机就不用关机，这是什么破飞机吗？

小妹：（觉得大姐说得挺对，于是点点头）大姐，听你的口音是广州人吧，这次到沈阳干吗去？

大姐：我呀，去考察一下。

小妹：考察？大姐，你做什么职业的？

大姐：没什么，在广州开了两间酒楼，想去北方考察一下。

小妹：开酒楼，我的那个姐姐，就是从没见过的那个，裤子准备送她的那个，她也在广州开酒楼。呵呵，回头如果我能跟着她去广州，到时看你去！

大姐：呵呵，你是在哪儿高就呀？

小妹：我呀，在东莞一家鞋厂高就呢。

（飞机起飞离开地面了。两人都很紧张）

小妹：（发现飞机已平稳地飞行，看看窗外，在空中）嘿嘿，我们在天上了。

（大姐平复紧张情绪，转过去看窗外，并且身体完全挡住了飞机的小小窗口，使小妹没法看到窗外。小妹好奇地想看，于是两人争了起来，手推来推去。空姐端着各种饮料上来。小妹没看见，不小心将饮料碰倒，结果洒了大姐一裤子的饮料）

小妹：对不起，不是故意的，对不起！

大姐：啊，这些饮料让她赔！（对空姐说）

小妹：（很着急，担心这个价格很昂贵）空姐，我不是故意的，这些要多少钱呀？

空姐：啊，这些不要钱。（大姐惊诧地看着空姐）

小妹：啊？不要钱？（很惊喜）

空姐：对，飞机上的饮料是免费的。

小妹：那，你能给我每样来一杯吗？再给这位大姐来一杯咖啡。

大姐：（有一丝丝尴尬，还装出生气来掩饰）我不用了，不用了。

小妹：哎，大姐来一杯吧，我叫的，没事儿！空姐，麻烦你。

空姐：好的，请稍等。

小妹：等等！（拿出自己灌了茶水的可乐瓶子，一口气喝完，把留下了一些茶叶梗的瓶子拿给空姐）你把我这个灌满橘子汁。

空姐：好的，请稍等！（小妹一脸的高兴。大姐还一副生气的表情，为了掩饰刚刚自己出的笑话，不停地弄着自己被洒湿的裤子）

大姐：我一下飞机要去办重要的事情，我这样怎么去见人呀？

小妹：对不起，我不知道空姐端着饮料站在这里。（见大姐不停地责怪，突然好像想到了什么，拿出包里那条准备送给姐姐的裤子，犹豫着）

（大姐做出不满意的表情，看到小妹拿出裤子，更加大声抱怨）

小妹：好好好，给你给你。（无奈地拿出裤子）

（大姐解开安全带，去洗手间换裤子。广播里播放着遭遇气流的通知，飞机开始颠簸）

大姐：小妹——

（小妹紧握着座位的扶手，闻身转过头去，见到大姐晃来晃去最终摔倒在座位附近，决定要去拉大姐一把，发现被安全带困住了，想解安全带又不会，情急之下最后只好费劲地伸长身子去够大姐，终于把摔倒在地的大姐拉回了座位。慌乱中，还不小心将大姐的假发碰了下来。两人狼狈地坐回座位，气流也停了）

小妹：啊！大姐，我刚刚不是不马上过去救你一把。可是这个安全带怎么也解不开。你没受伤吧，快看看，你说呀，大姐，你说话呀。

大姐：小妹子，（刚缓过神来，还以为自己刚才差点就没命了呢，感激地看着小妹）幸好你救我一命！

（小妹看大姐没事，终于松了口气，捡起掉在地上的假发，还给了大姐）

小妹：唉，没事就好。

大姐：小妹，你知道吗？我刚刚以为自己就快死了，我可不想坐一次飞机就一命呜呼了。

小妹：呵呵，大姐，没事，已经过去了，我们家牛车、马车比这个还颠呢！

大姐：不，牛车不是这个颠法。小妹我怎么第一次坐飞机就遇上了气流呢？

小妹：啊！大姐也是第一次坐飞机呀！

大姐：是呀，大姐跟你说，大姐也是回家过年，汽车票火车票全没了，只能坐飞机。可飞机票打了折还好贵呢。

小妹：是是是！我知道。

大姐：小妹啊！大姐其实在广州混得也特别不容易。第一年去基本上是晃荡着，没找着什么工作，第二年洗了一年盘子，第三年刚升职站到了酒楼门口，我可不想这么快就把命给送了呀，刚刚多亏你！

小妹：(越听越迷糊)大姐,你开酒楼的,怎么要站门口?

大姐：小妹呀,大姐跟你实话说了吧。大姐其实就是那酒楼门口……穿红旗袍的……对着大家说欢迎光临的那个人。

小妹：啊！大姐,我上次去应聘那个,那人说我长得难看,不要我。所以才去了东莞的鞋厂。

大姐：是吗？那这么说,你这意思是大姐我还长得挺标致的啦？

小妹：呵呵,是！大姐,这裤子你穿得挺合身的,就送给你了,咱们有缘。

大姐：那可不行,你救我一命,还送我裤子,不行！

小妹：别跟我客气,我们有缘,你就收了吧。

大姐：不行,这样,我留个地址给你吧。过几天,我把裤子洗好了,你再来拿,我请你吃饭。(说着就把打电话时记下的那个地址写给了小妹)

小妹：不用了,客气什么呢？(看到地址觉得眼熟。找出爸爸让自己去的太姥爷家的地址对照,一看发现是一样)大姐,这地址是你家吗？

大姐：不是,这是我太姥爷家。

小妹：我的地址是刚记下的,也是太姥爷家。怎么跟你的……(说到这,他记起爸爸说那个姐姐也是今天到家,怀疑……)

大姐：(不敢相信,记起妈妈提到过表姨的女儿也在外边打工)晓惠???

小妹：美丽姐??(大姐点头,她不得不承认自己就是她要见的那个姐姐)原来你在广州就一直干着那个欢迎光临呀?(一脸的失望)

大姐：嗯！(尴尬,无奈……)

点评：这个命题属于时间命题,并且给出了一定的动作性,即回家过年。这样的双人小品通常出现在表演考试的三试当中。拿到"回家过年"这样的题目,大部分考生喜欢往大年夜的车站或回家吃年夜饭这些方面去想,而以上这个小品的构思却把地点设计在了民航客机上,这个地点选择比较有新意。上场的两个主要人物：一个是充满虚荣心,讲究穿着,冒充酒楼女老板的大姐;一个是淳朴老实、谦虚热情的,没见过什么大世面的农村小妹。把这两个性格迥异的人安排在这样一个特定的环境里,一定会产生戏剧冲突。这样的安排体现出了构思者的巧妙用心。

小品中小妹的角色由于第一次坐飞机,因此在找座位号、行李超重和系安全带等环节上都出了问题。这些设计显然还是比较符合生活逻辑的,而且具有幽默感,还很准确地表现了小妹这个人物。在这个过程中,也把大姐不懂装懂、爱慕虚荣的性格表现了出来。

小品中,小妹和大姐两人的性格冲突使得整个剧情充满喜感。其中飞机遭遇强大气流的突发事件,使得大姐原形毕露,惊魂未定下,她终于坦诚自己其实也是第一次坐飞机。之前笨拙的小妹在遇到这个突发事件时却表现得比较镇静,并极力安抚大姐。通过这次突发事件,两人的冲突得到了缓解,并通过互留地址的巧妙安排让两人发现她们要去的是同一个地方,因而才得知原来双方正是从未见过面的表亲姐妹。

这个人物关系的揭开,可以说,构思者在前面的段落进行了大量的铺垫,从而使这种人物关系的揭开并不显得牵强,能在情理之中。结尾处又揭示了大姐在城里不过就是个迎宾服务员的秘密,也同样显示了构思者的幽默感。

整个小品规定情境设置独特,人物形象设计较为有趣生动,矛盾冲突安排合理。

"妈妈,我错了"

时间:一个秋天的傍晚

地点:一个装满瓶子的简陋的家

人物:妈妈 女儿

(妈妈在缝纫机前正给女儿做一件新衣服,拿起衣服看了看)

妈妈:(自语)这孩子长得可真快啊!

女儿:妈妈!妈妈!(女儿进门跑到妈妈身边)

妈妈:菲菲回来啦!快吃饭吧,饭都快凉了,你又跑哪去玩了,把身上弄得这么脏!

(女儿不说话,慢慢地走到妈妈面前,像是有话要说的样子)

女儿:妈妈。

妈妈:菲菲你怎么啦?

女儿:我不饿!

妈妈:不饿也要吃点,怎么能不吃饭?不吃饭怎么能长个子啊!菲菲,妈妈给你做了件衣服,马上就做好了!你快吃饭!(继续干着手上的活儿)

(女儿有心事的样子,又走到妈妈面前)

女儿:(鼓足勇气)妈妈我想要点钱。

妈妈:(停下手上的活儿)你要钱干什么?

女儿:小朋友们都有钱。

妈妈:你要吃什么,用什么,妈妈都给你买,你要钱干什么啊?

女儿:小朋友有的我也要有!

妈妈:妈妈不是告诉你不能和小朋友比这个吗?

女儿:我就是要比!(撒娇地拉着妈妈的手非要不可)

妈妈:(严厉)妈妈没有钱,不给!

女儿:妈妈有钱,妈妈给我钱。(追着妈妈要)

妈妈:你怎么这么不懂事呢?妈妈说了没有钱了,快去吃饭吧!

女儿:妈妈!小朋友们都欺负我,都不和我玩,就是因为我没有钱。他们都笑话我是穷孩子,妈妈是个捡瓶子的,没有钱!

妈妈:(一愣)菲菲你要多少钱啊?(心里很沉重地走到床边)

女儿:妈妈给我钱?(不可思议地看着妈妈)

妈妈:十块钱行吗?(女儿惊讶地看着)

女儿:(接过钱)十块钱啊!!(高兴得手舞足蹈,妈妈看女儿那么开心,也觉得颇为欣慰)

妈妈:菲菲!妈妈再给你十块钱!妈妈知道你是大孩子了,也该有自己的零花钱了,但这些钱一定要省着用,可不能乱花呀!(女儿连连点头)

女儿:妈妈,你真是个好妈妈!

妈妈:就你会说话!菲菲,现在你可以去吃饭了吧?

女儿:妈妈我要出去玩!

妈妈:这么晚了,不能出去玩了!

女儿:我答应了小明,要去他家玩。妈妈,你不是让我做个守信用的孩子吗?是不是?是不是啊?

妈妈:那你不能玩得太晚了,早点回来。(女儿转身就跑出门外)菲菲穿上件衣服呀!

妈妈:这孩子长大了,也知道问妈妈要钱了!(坐到床边,拿起了女儿小时候的相片回忆)

(不一会儿,女儿抱着一盒糖从门外跑进来)

女儿:妈妈!妈妈!

妈妈:菲菲回来了,你拿的是什么啊?

女儿:妈妈,给你的礼物。

妈妈:这是什么呀?

女儿:这是糖,特别甜。

妈妈:这糖是哪来的?

女儿:我在小明那里买的!

妈妈:你拿妈妈给你的钱买糖了,多少钱啊?(女儿在弄手指,不知怎么回答)你把妈妈给你的钱全花了?(女儿点点头)妈妈怎么和你说的,不是不能乱花钱吗?妈不吃这么贵的糖。

女儿:妈妈,这糖不贵。

妈妈:(生气)妈妈不吃糖。

女儿:(哀求)妈妈你吃一个吃一个。

妈妈:(坚决)妈妈不喜欢吃糖。

女儿:妈妈你不吃,怎么知道不喜欢吃呢?

妈妈:(严厉)你把它给我退了。

女儿:为什么?

妈妈：你把钱给我要回来。

女儿：我不退！

妈妈：你退不退？

女儿：我不退不退就不退！

妈妈：你不退是吧，那我去退！（妈妈去拿女儿手中的糖盒，女儿和妈妈争抢，结果糖撒了一地）

女儿：糖撒了！！糖撒了！！（女儿跪在地上边哭边捡糖）

（这时妈妈发现不对劲，充满疑惑地盯着那些发出了奇怪声音的糖。于是她捡起了一颗糖，拨开了糖纸，又接着打开了第二颗、第三颗……发现这个盒子里全是包着糖纸的石头，这才知道自己的女儿又被骗了）

妈妈：（激动）菲菲！

女儿：（委屈地哭诉）妈妈，我错了！我不知道你不喜欢吃糖。我看小明吃糖，就觉着很好吃，所以也很想让妈妈吃。小明说让我问你要钱，他就给我糖，我真的不知道妈妈不喜欢吃。妈妈，我错了！我不该乱花钱，我这就把糖退了，我就去退了。（抱着糖盒转身就要出门）

妈妈：（哽咽）菲菲，妈妈喜欢吃糖！

女儿：（高兴）妈妈！真的吗？

妈妈：（哽咽）妈妈真的喜欢吃糖！

女儿：那妈妈你吃一个，你快吃一个！（拿出了一颗"糖"让妈妈吃）

妈妈：（强忍泪水）菲菲，妈妈自己来！（妈妈让女儿看着自己把"糖"放进嘴里）

女儿：妈妈，糖甜吗？（妈妈看着从来没有这样高兴过的女儿很欣慰地点点头，女儿开心地满屋子蹦啊跳啊）

女儿：（兴奋）噢！妈妈你说"糖"甜了，妈妈喜欢我买的"糖"喽！妈妈说"糖"甜喽！妈妈喜欢吃我买的"糖"喽！

妈妈：（欣慰）菲菲！来妈这。（把女儿搂到自己的怀里）菲菲，我的好女儿，你长大了，懂事了，知道疼妈妈了，妈妈很高兴……

点评：此命题为一句话命题的双人小品。从命题上看，人物关系可以确定为母女或母子。以上构思是将人物关系设立为母少女：母亲是一个捡废品的，女儿是一个智障儿童，她们来自一个社会底层家庭。这样的设计具有一定的典型性，可见构思者的特别用心。

一开场，母亲一个人在家里为女儿做着衣服，这时女儿从外面玩耍回来，居然平生第一次开口向自己的母亲要钱。要钱的原因是什么，这是小品中母亲想问的问题，也是引发大家想继续看下去的问题。当女儿拿着母亲给的零用钱出去跟小朋友换了一盒糖回来的时候,母亲为女儿这种不懂事的行为感到气恼。为了教育女儿不随便乱花钱,母亲让女儿把糖退回去,并在这里跟女儿发生了争执,情节进行到这里一切都是顺向发展的,事件设置也是司空见惯的。

可接下来的这个设计却是比较巧妙的,一个出乎意料的事件,一下子改变了母亲的行为状态:母女在争执的过程中,不小心将糖盒打翻了,母亲这才发现自己的女儿被骗了。就在此时,智障的女儿被母亲从未有过的严厉吓得哭了起来,并向母亲认错,说出了"妈妈,我错了"的句子。

母亲拿起包裹着糖纸的石块,听着女儿的认错,心情非常复杂。母亲意识到了自己的严厉伤害了女儿,为了保留女儿心中的那份童贞,也为了让女儿的一片孝心不付诸东流。母亲反过来安抚伤心的女儿,并把女儿一直误以为是糖的石块塞进了自己的嘴里,含着泪点头对女儿表示自己喜欢吃她买的糖。母亲这个举动的设计具有点睛之用,把母亲对智障女儿的怜爱阐释得淋漓尽致。

整个小品事件的安排很简单,事情也很小,但发生在这对具有特殊身份的母女身上却显得不那么简单,尤其是小品中人物内心情感的变化与起伏。结尾处的设计比较煽情,渲染了母女情。

病　房

时间:中午

地点:病房

人物:老头　老太太　护士

(在病房里,一位护士在打扫着卫生。病床上躺着一位病人,是个老头。他躺在病床上一声也不吭)

护士:(边干活边说)您老也别担心,再过一会您的化验报告就出来了。医生也说了,没什么大事。(老头听了默默地躺在床上还是没有吭声。护士继续安慰道)您没看吗?刚才医生走的时候都说了,您这不是什么大病。只是让你留院观察观察。您看您的孩子不是也让您放心吗?要是真有什么大事,他们能把您一个人留在这吗?

(老头听了,翻了个身,好像不愿意再听护士唠叨了)

护士:呦,还闹脾气啊。好,我不说啦,等我把活干完,我就走,您好好休息。

(这个时候,一个老太太拎着好多东西进来了)

老太太:护士,我是刚被安排到这个床位的病人。

(护士看了看老太太的床位单子就示意让老太太去自己床位。老太太就拎着她那些东西来到了老头旁边的床位,七手八脚地开始收拾起来。由于声音太吵,老头回头看了一眼,后又转回头躺在那里一动不动。这个时候护士打扫好了病房的卫生)

护士：行啦，我走了，您二老好好休息。你们要是有什么事情就按铃，我们马上就过来。(又看了看老头)老爷子，您也别瞎想啦。等化验报告出来了，您一看就知道没事了。(又对老太太说)您稍微收拾收拾也休息吧。

老太太：行，您就别操心了。我这就收拾完。(边整理边说)干你们这行也不容易，没个白天晚上的。赶紧休息去吧。

(护士说完走出了病房。老头知道护士走出病房后，就把身子翻了回来平躺在那里。老太太收拾完后，躺在床上待了会。感觉没有要睡觉的意思，看了看老头)

老太太：哎，您老这是怎么了？什么病啊？

(老头没有反应，还是躺在那里)

老太太：呦，还是个耳背。(放大声音)哎——您这是怎么了？得什么病进来的啊？

(老头转身背对着老太太)

老太太：呵，还是个倔脾气，不愿意搭理人呀？我呀，是怕你多想，这儿女不在身边照顾着，还不就得咱们自己照顾自己。

(老头用被子蒙住脑袋)

老太太：得，不想说话就不说了。还不知道好歹了。真是的。

(老太太躺在床上。老头听老太太没有动静了，又把脑袋露了出来，躺平了身子。这时老太太看见老头有了动静就一直盯着他)

老太太：想通了？又想说话了？我就说嘛，这一个人待着怎么着都会闷的嘛，来来来，咱俩唠会儿嗑。

老头：(不耐烦地打断老太太的话)哎呀，我说你这个老太太怎么这么不懂事啊。谁说我想和你说话了。我就是想自己安静地待会。你看你这还没完没了的。

老太太：(不高兴的)哎，我说你这个老头怎么说话呢？什么叫不懂事啊？我好心好意地想和你说说话，你这还说上我了。谁不懂事啊？(越说越急)谁不懂事啊？我今天还就要问清楚了，咱俩谁不懂事啊？啊？

老头：好好好，我不懂事，我不懂事，行了吧。您呀，忙您自己的吧。我这要休息了。(转身又把自己埋在了被子里)

老太太：(看老头又把自己埋在被子里不理她)还真是什么人都有啊。真是狗咬吕洞宾了。

(老头还是一动不动地躺着。老太太也很生气地躺了下来，盖上了被子。一会，老太太看老头那里什么动静都没有，很好奇地下了床，走到老头的身边仔细看着老头。就在这个时候，老头想回身看看老太太现在到底有没有睡觉，结果两人脸对脸，把老头吓了一跳)

老头：哎呀，你有病啊，想吓死我啊。你这个老太太怎么搞的啊，就不能安静地待会吗?!

老太太：我说你这个老东西，怎么突然回头啊。吓死我了。我这不是关心你吗？这么大岁数了，说不定什么时候就……我看你那没动静了，就想过来看看。

老头：哑哑哑……

老太太：那您倒是说说你是什么病进来的啊？

老头：我告诉你行了吧，说完了您能踏实睡觉了吗？

老太太：您说说。

老头：我就是在家里突然晕倒了，孩子们就立即把我送进医院了。我自己知道我快不行了，您能让我安静踏实地待会，睡会儿觉吗？

老太太：呦……您看您。这也没什么啊。咱们都这么大岁数了，孩子们也都长大了。想通点，没事啊。您睡您睡，有什么需要帮忙的，您只管叫我，别客气啊。

老头：算了吧，我叫你，咱俩别穷帮穷了。

老太太：那不是，我身子骨好着呢。我是被我们家孩子逼着到医院来做个什么检查的。明天化验报告一出来，我就能回家了。

（老头也不愿意多听，说完话就转头又把自己闷在被子里了。老太太看这架势，讲到一半就不说了，也躺在床上睡觉了。老头听了听老太太没动静了，悄悄地转过头偷看了一眼，又迅速地转了回去。看老太太真的没有动静了。这才放心地转过身平躺在了床上。过了一会，正当老头有点困意快要睡着的时候，老太太那里发出的震耳欲聋的呼噜声把老头惊醒了。老头气恼地坐了起来，看了看老太太，又无奈地把自己蒙在被子里忍耐着。没一会，实在忍不住了，便坐在床上看着她。老头尝试用各种方法想在不弄醒老太太的情况下让她停止打呼噜。于是咳嗽了一声，老太太没动静了。老头刚想睡觉，老太太的呼噜声又起来了。老头拍手掌，老太太又没动静了，但没一会儿又打了起来）

（护士进病房告诉老头的化验报告结果）

护士：老大爷，您呀没事了。可以出院啦。

老头：怎么能没事呢？我这都晕倒了还能没事？

护士：您那是因为高血压。回去后注意休息就行啦。打电话叫你家人来接你吧。您可以出院啦。

老太太：哎呀，您看，我就知道您没事。

（老头准备下床，老太太凑上前帮老头）

护士：大妈，您也去给您家人打个电话吧。

老太太：还打什么打啊。我自己能回家。你看我不就是自己来的吗？我可不愿意麻烦孩子。来时他们非要陪我来，我就没让，这走还能让他们来接？真是的，我这身子骨可硬朗着呢。

护士：大妈，您可不能出院啊。您还得在我们医院住上一段时间呢。叫您孩子来吧，医生要和你家人谈谈您的情况。

老太太：什么意思？这老头都能出院了，我咋就不能出了呢？

护士：（想了想）您的化验报告比较复杂，所以需要和你家人谈谈。（说完就走了）

（老太太害怕地瘫坐在床上，老头上前安慰）

老头：没事啊，咱们都这么大岁数了。孩子们也都长大了。想通点，没事啊。这个，有什么需要帮忙的您只管告诉我，别客气啊。

（老太太想问个明白，慌张地跑出了门外，老头不放心地追了出去）

点评：这个小品，考生试图通过塑造两个性格不同的老人在病房里的一段经历来表现"病房"这个命题：一个热心肠、爱唠叨的老太太和一个沉默寡言的倔强老头。考生从塑造人物形象出发来构思小品的思路是对的。但考生却没能从细节出发挖掘人物特点，所以小品中的两个人物只能让人看见一个大致轮廓，人物的形象感还不够清晰，所设计的事件也没有解决好。不过从应试小品的角度来考核，这个小品已算合格。

如此乞讨

时间：冬天

地点：大街上

人物：乞丐甲　乞丐乙

（在人来人往的大街上，一个挂着盲人棍的乞丐甲在路上走着。他不时地低着头看着路上的行人和状况，然后在他觉得不错的位置停住脚步坐了下来，然后开始乞讨。嘴里头还振振有词）

乞丐甲：过路的好心人啊，施舍几个零钱吧，可怜可怜我这个瞎子吧！好心人啊，施舍几个零钱吧，谢谢好心人啊。祝您今天行大运。（边说边前后晃着身子，缩着脖子，不时地低头看过往的行人）

（这个时候又来了一个乞丐乙，挂着双拐，穿着一件破烂不堪的军大衣，只有一条腿站在地上，另一条腿被军大衣挡在了衣服里，看起来像一个少了一条腿的残疾人。当他来到离乞丐甲不远的地方时，发现乞丐甲后一惊）

乞丐乙：（带着口音）他奶奶的，今天就出来晚了这么一会儿，地儿就被人抢了。真他奶奶的。（说完他只好在附近找了个地方坐了下来开始乞讨）大哥大姐们啊，给几个吃饭烧柴火钱吧。不求多要，随便几个零钱就够了，好心会得好报的啊！

（乞丐甲听到了乞丐乙的乞讨声后偷看了他几眼，于是也放大了自己的音量）

乞丐甲：（心想）妈的，这不是抢生意吗。

（过了一会，两个乞丐乞讨了半天都无人问津）

（乞丐甲觉着肚子饿了，就假装摸啊摸地从自带的小包里拿出了吃的。乞丐乙这个时候正好看见乞丐甲拿东西吃，再想想到现在也没讨着钱，就凑了过去想找他聊聊天。

乞丐甲发现乞丐乙凑了过来,怕他发现什么,就转过身子继续吃)

乞丐乙:哎,兄弟。做这个多长时间了?

乞丐甲:(装瞎子,伸手去摸对方)

乞丐乙:(推开他的手)行了,兄弟。都不是外人,你装什么装啊。

(就在这个时候,来了一位路人,看了看他们,正准备掏钱的时候。两个乞丐立刻警觉起来,嘴里头又开始振振有词了。乞丐乙伸手向那个路人示意把钱给他,甲偷看了一眼后,不甘示弱地提高了嗓门,带着哭腔也念念有词起来)

乞丐甲:好心人啊,可怜可怜我这个瞎子吧,我家里头还有个孩子发着高烧呢。求求好心人施舍一点吧。

(路人一听心软了,把快要送到乞丐乙手里的钱向乞丐甲拿了过来。一看这个情况,乞丐甲急了,抱住路人的腿就喊)

乞丐乙:大哥啊,我走到这来不容易啊,你看我这个腿,我生活都不能自理啊。每天风餐露宿的,到现在还没吃饭呢。求求您,施舍一点吧。

(乞丐甲看情况不妙,从地上站了起来,拄着盲人棒,摸啊摸地走到路人跟前)

乞丐甲:(装哭)大哥,您好心肠。您会得好报的,祝您发财。(说着就把手伸到了路人的眼前)

(乞丐乙也立刻站了起来,拄着双拐。用双手大力地把乞丐甲推到一边,向路人讨钱。此时的路人有点不知所措了。手里拿着钱看着他们。乞丐甲一个跟跄后,气愤得差点露馅)

乞丐甲:你干什么,哪有你这样的?

乞丐乙:什么干什么,明明是人家过来要把钱给我,你瞎起什么哄?(转身向路人说)哥,咱别理他,您就施舍给我吧。

乞丐甲:(急了,撒泼的)哎呀,欺负我这个瞎子看不见啊。没天理啊,没人性啊。还动手打人啊,抢钱了啊。

乞丐乙:行了,你就别装了,还来这套。(转身)哥,我跟你说,你别信他。他根本就不是瞎子,你不信你就看着。(说着,乞丐乙就拄着双拐蹦啊蹦地过去,就要用手扒乞丐甲的眼皮)

乞丐甲:(惊慌失措地继续装)你干什么,干什么?快来人啊,欺负瞎子啊。救命啊。

乞丐乙:装!我叫你装!我就不信你不睁眼!

乞丐甲:(愤怒的)老子和你拼了。你以为我不知道,你这个腿也是装的。(说着就要掀乞丐乙的大衣)

(路人在旁边连忙上前劝架,左右为难的。就在这时,乞丐甲终于把乞丐乙的假腿给暴露出来了。一时兴奋的他也睁开了眼睛。当他意识到自己的真相也同时暴露后,三个人同时愣在了那里。就在同一时间,两名乞丐看真相败露后,狠狠地各自拿着自己的东

西就跑了。这时路人才缓过神来）

点评：这个小品的构思显得想象力一般，所设计的人物缺少明显的性格特征。两个假乞丐为了争路人施舍的东西而发生了争执，这样的构思显得有些为展开矛盾而制造矛盾。两个乞丐争抢路人施舍的东西也显得缺少办法，而只是通过硬拉蛮抢来解决矛盾。这样虽然在舞台上看着很热闹，但两个人物的舞台行动并没有向前推进，而是一直在原地停滞。这样的小品通常激不起考官往下继续观看的愿望，往往在演到一半时就会被考官叫停。

在这里要特别说明的是，考生们不要简单地把小品里的矛盾冲突设计为争吵，错误地以为不吵架就没有矛盾冲突。表演时要注意所演人物行动的目的性，只有你将所演人物的行动目的搞清楚，你在舞台上的行动才会有根有据。

广　　告

地点：摄影棚

人物：导演　大娘　女儿

（广告拍摄现场，导演正指挥着工作人员做着拍摄前的准备工作。一位大娘已经梳妆打扮完毕坐在一旁，显得既紧张又兴奋的样子。女儿在一边给母亲不停地打气鼓劲，并给老人倒了杯水）

导演：大娘，您可是我们电视台在全县五百位老人当中海选出来的呀。前些天您寄到我们这里的简历，我们看了后觉得您非常合适。所以决定让您来担当我们这次广告的女主角。

女儿：这就叫海选了！

大娘：真的？谢谢组织对我的信任。

导演：是啊，我们可以圆您的明星梦了，您可以上电视了。

大娘：哎呀！你们真是慧眼识英雄啊。

导演：那咱们这就开始吧。

（说着就走进了布景。导演站在机器旁边准备开始。大娘跟在导演后面）

大娘：咱要拍个啥东西啊？

导演：（边干活边回答）咱要拍个广告。广告播出去之后，您老可就是明星了。

大娘：这我知道，咱拍个啥子广告啊？

导演：（拿出剧本给大娘）您看看这个，咱们马上开始。大娘，您一定要演得逼真一些啊，演得不好，可就成不了明星啊。

大娘：这我知道。（开始看剧本）导演，这药真的这么好使啊，哪产的啊？

导演：这是中美合资的，在丹麦产的，是进口的药，中国这边还没有卖的呢。您老赶紧把台词记一下。

（这时，女儿将导演拉到一旁）

女儿：那这广告拍完了，您给我妈多少钱啊？

导演：哎呀，大娘她这拍完了可就上电视了，这一上电视可就成了明星了。您还在乎这点钱？

女儿：这话说得，那明星也得有个片酬不是。

导演：行，那这样吧。她给我们拍完了给她一百块钱酬劳，要是演得好的话，就多加二十怎么样？

女儿：您这也太低了吧？

导演：(吓唬)您这可还没成明星呢，您要是这样那我可就换人了。这可有的是人想拍呢。

女儿：行行行，开始吧。

（女儿一脸无奈，导演回到机器旁边）

导演：演员准备好没有啊？

大娘：导演这就开始了，我怎么演？

导演：很简单，您就当这是在自己家里，您一边干家务活一边就把刚才给您的台词说出来。

大娘：就这么简单？

导演：就这么简单，您平时什么样一会儿就什么样。来，各部门准备，预备——开始！

（大娘手足无措地在搭建的布景当中干着家务活）

大娘：我得骨质增生都五年了。五年啊，什么活也干不了，下不了地，我就天天哭，天天哭。我还没到七十就这样了，以后可咋办啊？上厕所我老伴得搀着我，一步也走不了啊，我都寻思死了得了。去年六月，我大女儿在外地打工回来，给我带了几盒骨宝，吃了四个疗程，我就能下地了，上厕所也不用老伴搀了，地里活也能干了。导演啊，这真的假的啊？

导演：哎呀，这好好的怎么停下来了？

大娘：不是，我寻思着，我也没得过骨质增生啊。这不是欺骗观众吗？

导演：这是艺术处理，可以夸张的。

大娘：这要让熟人看了多不好啊！这事我不能干啊！

导演：大娘这都拍上了，你说不能干，这不把我们都给晾了嘛！

（女儿走到导演身边）

女儿：导演啊！我妈这人一辈子没讲过假话，您这让她当着全国观众的面说假话，她老人家指定不能干。您就给我们报销个路费，我们回去算了。

导演：放心，路费一定会报，我再加五十元片酬，你做做你妈的工作，帮我们把这广告拍了。

（女儿走到母亲跟前）

女儿：妈，导演的意思是，您现在已经不是您自己了，您在演一个患过骨质增生的老年人。明白吗？

大娘：噢，这不是在说我自己啊，那还差不多。

女儿：导演继续吧，我妈这儿可以了。

导演：各部门准备，开拍！

大娘：我得骨质增生五年了，五年啊，什么活也干不了，下不了地，我就天天哭，天天哭。我还没到七十就这样了，以后可咋办啊！上厕所我老伴得挽着我，一步也走不了啊，我都寻思死了得了。去年六月，我大女儿在外地打工回来，给我带了几盒骨宝，吃了四个疗程，我能下地了，上厕所也不用老伴挽了，地里活也能干了。导演啊，这啥药啊？怎么这么厉害！

导演：怎么又停了！这当然是真的了。马来西亚有个大妈就是吃了我们这个药参加了去年的马拉松比赛，澳大利亚有个大爷，没吃我们这药的时候，瘫床上三年了，也是吃了我们这个药好的。不仅收了自己地里的庄稼，还收了别人地里的庄稼，不是，是帮人家收庄稼。你说这药好不好，你说这药是真的假的？

大娘：没有中国人吃好的？

导演：这不是刚引进中国吗，您将成为咱们中国第一个受益者。

大娘：是吗？导演，那等我吃完一个疗程再拍吧，我要对患者负责啊！

导演：大娘，咱快点来吧。早拍完，您早成明星啊！

大娘：不行，刚才你们说我在演别人，假装病了，这样行。可这后面要我假装吃过这药，那可不行。

（女儿一看导演和母亲僵持在那儿了，赶紧冲到母亲身边解释）

女儿：妈，您别较劲了！您看多少明星代言的产品广告，他们真的亲身体验过。您得听导演的。

（大娘不乐意地坐在一边，女儿转身跑到导演身边）

女儿：导演啊，对不起啊，我妈这人就这个脾气，一辈子都这样。我再给她做做工作，不行您看我来演行吗？

导演：开什么玩笑。我们这个产品是主推老年人市场的，你怎么行啊？我再给你们加五十元片酬，你妈的事你要搞定。

女儿：导演，这样吧，您再给加一百，我保管让我妈按您要求拍完。

导演：这可是你说的啊，一百就一百，快去让老太太拍吧。

（女儿走到母亲身边）

女儿：妈，您看这么多工作人员都在等您呢，您这不还没成明星吗，就这么大架子啊！

大娘：那也不能说瞎话啊，他们得把这词改了。

女儿：妈，刚才导演说了，广告没有不夸张的，但绝不骗人。他们这药灵着呢，好多外国人都吃好了，在中国的推广就靠您了，中国的老年患者都会感激您的。

大娘：(想了想，犹豫地)好，咱接着来吧。(走向镜头)

(女儿迅速向导演示意可以了)

导演：各部门，准备！开始！

大娘：自从吃了这个药啊，我能下地了，上厕所也不用老伴换了，地里活也能干了……

导演：(小声地)哭，哭。

大娘：我谢谢骨宝给了我第二次生命，是骨宝把我从阎王爷那拉了回来……

(导演拿着摄像机对着大娘的脸上下左右地拍，大娘也跟着镜头上下左右地哭)

大娘：谢谢，谢谢啊，没有它，我的下半辈子就得在床上过啊。我衷心地对骨宝公司表示感谢，是他们挽救了我啊！

导演：好好好，好啊，大娘，太好了。大娘，我们再拍第二场吧，拍以前您瘫痪在炕上的时候啊。

大娘：我也没瘫痪在炕上过啊，这也太不真实了！

导演：作为一个好的演员，就是要会演，并且能以假乱真。

(女儿见势就冲上前把老妈拉到了道具炕上)

女儿：妈！听导演的，这里他就是领导，咱要有组织纪律性。

大娘：(茫然地)啊——行，那就倒炕上啊？

导演：哎，倒，倒，开始。

大娘：以前啊，我都是天天这样躺着，起不来。身上哪都疼啊。你看，我起不来(做起不来的动作)怎么也起不来。但是吃了四个疗程的骨宝，我慢慢地自己就坐起来了，能下地了，现在都能走了，还能干活了。

导演：好，大娘，加上这句话(拿出一张纸)。

大娘：骨宝。三盒一个疗程，买二赠一，买四赠二，买六赠三，以此类推，多买多赠。(说着说着，大娘突然站了起来)我怎么觉得这词不对劲啊，这太赤裸裸地骗患者钱了，四个疗程就能吃好，为啥还要再买啊？

导演：停！停！后面这句别录。

大娘：导演，我不能那么说啊！药好，大伙自然就买了！

导演：(冲着女儿)天啊！你妈的事交给你了，别让她再问了，这什么时候才能拍完啊！

女儿：(连连点头表示歉意)妈，在家咱不是说好了嘛，出来就得听人家领导的，叫咱咋拍就咋拍，别问那么多，人家选上咱是咱的运气。

大娘：(把女儿拉到一旁)邻村的王大爷去年给人做什么心脑血管药的广告，结果买药的人吃了一点都不好使，没把人吃死算不错了，我看啊，还是不拍了！这种名我也不想出了。

导演：(从旁偷听后，立刻凑上前)我们这可是中美合资的药啊，你可不要乱说啊。

大娘：什么中美合资啊，那你把你们的合格证拿来给我看看啊。

导演：我们这么大的广告，能说给你看合格证就给你看合格证啊。

大娘：拉倒吧，没有就是没有，别忽悠人了。闺女，我们走！

导演：你这老太太怎么这么说话啊。

女儿：(一看这情形，急了)妈，您别说走就走啊，走了可就一分钱都没了。

大娘：(拉女儿)咱不挣这钱！走！走！(说着走了出去)

女儿：(刚想要追，突然回身对导演)您看，我们来的那车钱能报吗？

导演：(大怒)我没让你们赔偿我的损失就不错了！还要报车钱！

女儿：(尴尬的)妈！您老等等我！(追下)

(导演气急败坏地把台本摔在了地上)

点评：考生通过这个命题塑造的三个人物形象基本上是成立的：一个是做事认真谨慎的老太太，一个是唯利是图的女儿，一个是业余抠门的导演。规定情境是拍摄电视直销广告的现场，事件的主要矛盾是广告主角老太太因为广告词的虚假夸张与导演产生了分歧，而老太太的女儿却因为钱的缘故，一再游说老太太继续拍摄。

这些设计都还好，同时也具有一定的幽默感。但是在为什么安排老太太来拍广告这个问题上想得不够具体，这是一个前提，有了这个前提，规定情境才会更真实可信。另外，在小品中，女儿的行动还显得不够积极。因为作为唯利是图的女儿应该是最不愿看到老太太不拍广告的，因此她的行动在小品中应显得更积极一些才对。

楼上楼下

时间：晚上

地点：居民楼里

人物：大勇 小倩 小云

(大勇拎了一堆东西进门)

大勇：小倩！小倩！

(没人答应，开始换沙发垫，收拾垃圾，换桌布，黑白照片换成彩色的，摆正，换新的拖鞋，对着镜子把自己也收拾得好看一点)

大勇：小倩，你，你回来了。

(小倩赌气一样，把包挂起来，从里面拿出介绍信，举到张勇面前)

小倩：你的呢？

大勇：小倩，你先听我说，我今天做了好多菜，有——红烧茄子、清蒸鲈鱼、小葱拌豆腐、蒸的大米饭，还有酸辣汤，都是你爱吃的，我早就预备下了——

小倩：谁让你做饭的！谁让你回来的！

大勇：我怕你吃不好——

小倩：用不着！介绍信。

大勇：小倩——不就是个职称吗——

小倩：介绍信拿出来！

大勇：我没开！

小倩：走，现在开去！

（小倩站起来要走，大勇拦）

大勇：小倩，你再想想，行吗？

（小倩挣脱）

小倩：没什么好想的！

大勇：小倩，你再想想，咱俩毕竟这么多年——

小倩：你去不去？

（大勇坐下，小倩又要走）

大勇：小倩！介绍信。

（小倩站住，大勇从兜里摸出那张纸，递给小倩，小倩转身要拿，大勇又抽走）

大勇：一块儿吃顿饭。

（小倩又要走）

大勇：就吃一顿饭！

（小倩站住）

大勇：好好的，吃顿饭，就像咱俩刚结婚时那样，好好地吃完了，咱俩拿着介绍信，该上哪儿上哪儿，该怎么办就怎么办。

（小倩往回走）

大勇：小倩，哪有回家不换鞋的。

（小倩换了鞋，两人站在屋子中央不知所措）

大勇：我——我去把菜端出来，你，你坐！

（张勇放了歌曲《最浪漫的事》，然后进了厨房。小倩站了一会儿，走过去把录音机关上。大勇出来把盘子放在桌子上，看了看录音机，没说话）

大勇：坐吧。

（小倩坐下，张勇也坐下，但谁也不吃）

大勇：喝点酒，喝点酒！我去拿！

（大勇去拿。回来倒）

大勇：来，小倩，这几年，我对不住你！这杯，我敬你！祝你——祝你以后事事顺利！

（小倩什么也没说）

大勇：我再敬你！祝你以后——万事如意！（等了一会）祝你以后——祝你以后幸福！

（大勇喝干了）

大勇：吃吧，咱们——就假装今天是咱们结婚那天，吃了饭，人们都走了，剩咱俩就这么坐着，在这儿喝酒，记得吗？

小倩：不记得了。

大勇：没事没事，我记得我记得。咱们喝酒来着，喝酒来着，我说了好多话，我说了什么来着——我说——我说，对了！咱们是这样，咱们是这样一边喝酒碰杯一边说的。我说，我说以后你是我老婆了，你得温柔点！你说——你说什么来着——啊，小倩你说的什么来着？！

小倩：我忘了。

大勇：我想想我想想，你说——你说你希望我老把你放在心里。那时候多傻啊，就知道说点歌词里的话。那之后呢？咱俩出去散步的事，你还记得吗？

小倩：不记得。

大勇：咱们路过一个教堂，咱们就进去，在里边又结了一次婚！咱们俩就站在那儿，也不知道说什么，后来我是怎么说的？

小倩：你说——我不记得了！

大勇：我说，小倩，以后，你就是我最疼爱的人。做饭、洗碗、擦地，这些家务活都不用你干。你喜欢我陪着你，我就陪着你。我下班马上就回家，哪儿也不去，周末也是，陪你出去玩，你爱上哪儿咱们就上哪儿，一直到老了，都把你捧在手心里。然后我说，小倩，你愿意嫁给我吗？你愿意跟我一块过到老吗？

小倩：行了，别说了，说点别的，说点别的。

大勇：好好，不说这个，说别的，说别的，说——说咱们结婚以前的事，好不好？

小倩：好。

大勇：该你说了。

小倩：我，我没什么好说的，吃得差不多了，你走吧。

（大勇走到门口又停下）

大勇：我，那什么，那把椅子螺丝松了，我给你拧上，别摔着，我给你拧上我就走。

（大勇拿出工具箱，拿出改锥加固椅子，弄好了也没站起来）

大勇：小倩，那，我就走了。

（大勇站起来，改锥无意间碰到了暖气管，发出了脆脆的响声。一下子，两个人都定住了）

大勇：小倩，你不说，我说。结婚以前，我住你楼上，咱俩好了好长时间你妈都不答应,嫌我没本事,好长一阵子不让咱俩见面,但是你不嫌我,那时候,你不嫌我。

(大勇敲三下)

大勇:小倩,还是你聪明,想了这么个办法,想出这么个暗号,就咱俩知道。

(大勇不断敲三下,年轻时候的声音随着敲击的节奏起,渐强)

(大勇看着小倩)

大勇:小倩。

(大勇敲三下,小倩也从工具箱里拿出改锥,犹豫了半天,敲了一下,又敲了一下)

(大勇把东西收拾好)

大勇:我走了。

(大勇走了,小倩一个人发呆,又试图再敲暖气管,但是没敲下去。敲门的声音让小倩愣住了,过了一会儿门开了,小云进来)

小云:小倩姐。

(说着小云就抱着小倩哭起来,小倩赶忙把小云弄到沙发上)

小倩:小云,来,先别哭,慢慢说,怎么了?

(小云擦擦眼泪)

小云:小倩姐,我跟我爸我妈说了志新的事,他们,他们——

小倩:好了好了小云,小云,他们怎么说?

小云:小倩姐你小点声,不然他们该听见了。他们说志新是个打字员,没本事挣钱,不让我们在一块儿,也不让我去找他。小倩姐,怎么办啊,志新还在楼上等我呢!

小倩:小云,你跟志新,真的那么要好吗?

(小云点头)

小倩:那——志新,他能给你幸福吗?

(小云迷惑地看着小倩不知怎么回答)

小倩:小云,算了吧,你爸爸妈妈是过来人,他们说得很有道理。

小云:小倩姐,你,你不肯帮我了?

小倩:小云,爱情是不能当饭吃的,长痛不如短痛。

小云:我不!我要跟志新在一起!

小倩:小云,那样你不会幸福的!

小云:为什么?跟自己心爱的人在一起为什么不会幸福?难道你跟大勇老师在一起不幸福吗?!

(小倩一时说不出话来,小云也冷静下来)

小云:小倩姐,我想跟志新在一起,不是因为别的那些乱七八糟的东西。是因为他对我好,体贴我,什么都替我着想。我觉得,我们在一起会幸福的,不光是他能让我觉得幸福,我也想努力让他变得幸福。

小倩：幸福不是说说的，不是对你好，照顾你就是给你幸福，等你们真正开始一起生活了你就会发现，过日子不是那么单纯的事情，到那个时候，你就后悔了。

（小云不说话）

小倩：他体贴你，替你着想，当然好。但是小云，我问你，你们结了婚，他也还会像原来一样体贴你，对你好吗？

小云：当然了！

（小云拉住小倩）

小云：小倩姐，我跟志新约好了，等我们都老了以后，就每天到河边钓鱼晒太阳。

（小云放开小倩）

小云：小倩姐，我找志新去，要是我妈妈来找我你就说——你没看见！

（小云要走）

小倩：小云，你等一下！

小云：嗯？

小倩：小倩姐教你个法子，是个暗号，只有你俩知道。

（小倩拿出改锥，一边敲一边说）

小倩：你过来，不行，行；你过来，不行，行；你过来，不行，行——

小云：哦——我明白了！

（小云拿过来试试）

小云：你过来，不行，行！小倩姐我现在就告诉志新去！

（小云急急忙忙往外走，撞上了急急忙忙往里走的大勇。小云太高兴了，并没有停下来）

小云：对不起大勇老师！

（大勇又来到小倩的房间，两人静默了一阵）

大勇：你，叫我？

小倩：没有。

大勇：哦，我，那什么，我听见——还以为，那我上去了。

小倩：你等会儿！

（大勇停下，小倩又不知说什么了）

大勇：哦，对，介绍信。

（大勇从兜里拿出那张纸递给小倩，小倩没接，大勇就把纸放到了桌子上）

大勇：小倩，其实可能这样更好。我，我自己愿意干点什么就干点什么，你也，有机会再找一个——

小倩：找一个聪明的，会来事的，能赚钱的，能把我从这栋破楼里接出去，过好日子的？

（静默）

大勇:你还——有什么别的事吗?
(小倩不说话)
大勇:那我上去了。
小倩:有!
(大勇停住)
小倩:大勇,我说,自从咱俩结婚了,你干过一件正事没有?我嫁给你的时候你就是一名助教,到现在还是一名助教!天底下哪儿还有比你更没用的男人?啊?成天就知道做饭洗衣服擦地,周末也不知道出去接个补习班挣点钱!你这干的都是什么事?
大勇:小倩,我结婚那天答应你的,这些事情都我做,只要不上班就陪着你,我在那个——上帝面前发了誓的!
小倩:那你也发誓跟我过到老呢!
(小倩一手拍在录音机上,《最浪漫的事》的歌又响了起来)
小倩:我还没老呢,你就不要我了。
(大勇突然觉得了什么)
大勇:小倩,你——
(小倩赌气一样,拿了介绍信)
小倩:甭等明天,咱现在就办了去,省得闹心!
(大勇从后面搂住小倩)
大勇:小倩,咱不闹了,行吗?
小倩:你少来,介绍信都开了,还说什么啊,你哪儿也不能去,是我拖你后腿了?从今以后你爱上哪儿上哪儿,我再也不碍着你了!
(大勇什么也没说,只是从小倩手里拿过他的介绍信,打开给小倩看)
田倩:白纸?!你——
(大勇又拿起改锥敲三下,小倩敲两下,三下、一下;两下,三下,一下,大勇把小倩搂进怀里)

点评:这个小品的构思比较巧妙。通常拿到这个命题,大多数考生都会想到邻里之间发生的矛盾。可是这组考生发挥了他们的想象力,通过敲击楼上楼下相通的暖气管化解了一对分居在楼上楼下,即将离婚的夫妻之间的矛盾。用楼上楼下相通的暖气管来作为媒介,传递爱情的信号,这样的构思显得十分温馨感人。

想象力是表演考试的重点考查内容,这组考生很好地发挥了想象力,将规定情境揭示的真实可信。这样的构思在考试中难得一见。

(以上小品均为近年考场命题小品中的实例,是笔者稍加修改后整理的,并不十分完善,仅供考生参考并以此提供思路)

形 体 考 试

应试篇

● 形体考试问题集锦

1. 表演专业形体考试的目的是什么?

首先要纠正一部分考生的概念,他们认为形体考试就是跳舞。这个观点是不正确的,这里所说的形体与舞蹈实际上是有很大区别的。表演专业分四门基础课程:表演、形体、台词、声乐。形体可以说是表演艺术的一对翅膀,演员应该具备一定的形体和形象条件,在塑造人物形象的时候形体就是一个非常重要的创作手段。

演员在表演过程中需要根据角色与剧情的不同,经常改变自身的形体状态,组织丰富的形体动作,或者进行舞蹈,或者进行戏曲身段以及武术的表演。因此,形体的素质与条件对一个演员来说是非常重要的。

通过形体考试,考官可以直观地了解到考生的形体条件、形象气质、身体比例、躯体结构等,同时考查考生的动作协调性,肌肉控制力,形体的模仿力、表现力、爆发力,形体的灵活性、柔韧性、可塑性及节奏感等。

2. 表演专业形体考试的要求和考查方法是什么?

表演专业形体考试,考官通过自选形体表演与指定项目的考查,来了解考生的基本条件,看其体形是否健美,是否协调等。因此要求考生在形体考试过程中,穿紧身或贴身衣裤,着软底鞋。在自选形体表演时,可以穿表演特定服装,需自带音乐伴奏。

在身体基本条件、形态的考查方面,要求如下:

(1)五官端正,四肢匀称,无明显生理缺陷。如驼背、凹胸、挑腰、撅臀、畸形腿和臀位线过低等。还要考查站立与行走的姿态:双肩是否平,有无扣肩、斜肩等。

考查方法：
要求考生着紧身衣裤，按正确姿态立正站好、行走。考官从不同角度进行目测，个别感觉有问题的部位，考官会着重检查，以确定考生是否的确存在上述生理缺陷，还是属于通过训练后可以改善的不良形体习惯。

属于可以改善的不良形体习惯，在形体考查的其他各项都通过的情况下，可以算是符合条件。确属生理缺陷和问题较大的，并且通过有限的时间也难以改善的不良形体习惯，则算不符合条件。

(2)身体的柔韧性：前后踢腿的高度，韧带的柔软度，胯的开度，腰的软度。（表演专业的形体考试要求并不像戏曲演员和舞蹈演员那样严格，只要具备一定的张合能力和一定的柔韧度即可，主要看考生在这方面是否具有改善和提高的条件）

考查方法：
①正确姿态站立，检查双肩是否平，有无扣肩、斜肩等生理缺陷。
②两臂侧平举，缓慢高举过头成两臂上举，肩不得耸起，检查双臂有无问题。
③面对扶把尺一公尺处站好，从胯的部位向前扑身，两臂伸直搭于扶把上，压肩，检查肩、臂的开度。
④单手扶把，脚成大八字或芭蕾一位脚姿态，做开胯蹲（或坐于垫上，两腿分开成横叉状），检查胯的开度。
⑤双膝跪地，向后下腰，左右涮腰，检查腰的软度。坐于地板上，两腿前伸、并拢、绷直，上身缓慢前扑，检查腿的软度。

(3)脊椎的解放程度，检查考生脊椎有无毛病和通过训练之后扩大活动幅度的可能性。脊椎的直立和它的活动幅度大小，直接影响演员形体的美感和上体腔传情达意的能力。在日常生活中，人们一般是不太注意脊椎的运动的，因此很多人胸部僵硬，上体腔活动幅度甚小。而对演员来说，上体腔则是较关键、运用较多的部位。

考查方法：
①要求考生背对考官站立或侧面站立，检查脊椎是否直立。并且考官会用手直接触摸检查，检查脊椎有无毛病和缺陷。
②坐在地板上，两腿并拢直腿前伸，脊椎拉直，头顶上悬，直体后仰成45度角，检查脊椎的力度。
③盘腿坐于地板上，脊椎拉直，头顶上悬，然后从头部开始内卷至极限，再由腰椎部位逐节顶起至下后腰（最好是成后胸腰），检查脊椎弯曲活动的幅度。

其他方面的测试
(1)动作的反应能力
动作的反应能力如何，有关学生形体的发展，以及表现力的问题，应予以重视。动作的反应能力太差,接受动作的能力太慢,会直接影响今后的学习和创作。当然,也不能用对舞蹈演员的要求来衡量考生,因考生相对来讲年龄偏大,并且多数考生在报考之前是未经过任何形体训练的。因此在考查时考官会选用一些比较简单和易于接受的练习,以测验考生能否在有限时间内较快地、较准确地用形体反映出动作的大致轮廓和基本风格。

检测方法：

选择两个或多个不同风格、不同韵律的练习或动作串,先由考官示范或带领考生一起做一至数次(根据具体情况掌握),然后由考生单独做,检查考生能否迅速反应并较为准确地做出动作。有条件的学生,考试前也可以自己准备一两个练习,供考官考查。

(2) 形体的控制能力

形体的控制能力对于话剧演员是非常重要的。生活的真实不等于舞台的真实,舞台上的一切都是假定的,需要靠演员准确的、有控制的形体动作带给观众以真实感。同时,舞台的搏斗、击打、滚爬等技巧动作,是以虚代实、以假乱真的,这一切都需要演员形体的控制能力。只有具备一定形体的控制能力,在舞台上的形体动作才可能达到准确、真实,才可能得心应手。

检测方法：

先由考官出题做个练习或游戏,比如打球、捉迷藏、打斗等等(要求形体动作幅度大一些的练习)。然后再要求考生以慢动作(像电影中的慢镜头一样)的形式重复做一次刚才所做的练习或游戏,要求动作连续不断,节奏均匀,动作的速度一定不能快,棱角不能太大,身体要始终处于缓慢的运动状态。在动作与动作转换的运动过程中,考查考生的形体控制能力。

(3) 形体的协调能力

形体的协调能力是对演员最基本的要求,是一个十分重要的方面。因为形体动作是否协调会直接影响形体动作的自如和美感,以及人物的风貌。所以在考试时必须对考生进行协调感的检测。

检测方法：

①手足同时打节拍。如脚下踩三拍子的舞步,手上同时划出或打出三拍子的节奏。还可以手足不同节拍,如手划三拍子的节奏,脚踩四拍子舞步等等。看考生能否在短时间内手足协调。

②选择手足并用的练习或动作串,如舞蹈、戏曲身段、哑剧等。先由考官示范并带领考生一起做一至数次,再由考生单做一遍。重点考查考生手足,上下身,以及头、眼与整个形体动作的协调能力。要求考生能在有限的时间内把刚刚学过的动作反映出来,上下身要协调统一,在节拍中自然地运动,不乱,也不僵硬。

(4) 形体的模拟能力

形体的模拟能力关系到人物创作中形似的问题,是应特别加以训练和提高的能力。在考试过程中,对考生在这方面的能力有所了解和考查是很必要的。形体的模拟能力应包括两个方面:一是对具体对象的模拟,如模拟某一个人或动物,或模拟教员所提供的形体动作;二是记忆中的模拟,即靠回忆日常生活中的印象来进行某种人物或动物的模拟,也就是说,没有模拟的具体对象,而是模拟印象中的形象。

检测方法:

① 考官指定具体对象(人或动作),或者教员提供一些特点较强的形体动作,以及雕塑、图画等,要求考生马上用形体模拟出来。

② 由考官出题,靠考生回忆生活印象,并且调动想象,模拟出一个印象中的形象。这要求考生能迅速地抓住所要模拟对象的特征,并通过形体较为准确地模拟出来。

(5) 节奏的感受能力

节奏的感受能力含两个方面:一是对音乐节奏的感受,二是在音乐节奏中有节奏的运动。二者都需要考查,后者更为重要。

检测方法:

① 听一段音乐,用手打出音乐的节拍。

② 考官用手打出各种节拍,考生听后能重复打出。以上两项如在声乐考试中已测试过,可不再考查。

③ 考官用脚踏出各种节奏,考生听出后重复踏出。

④ 选择节奏比较鲜明的练习,让考生随着适当的音乐伴奏做出动作。或者选择不同节奏的舞曲,让考生随音乐起舞。

(6) 形体的感受能力和表现能力

形体的感受能力和表现能力是指演员对外界音响、自然现象(如音乐、音响、自然界的风、雨、雷、电等)和某种特定环境(如人间、仙境、太空、海底等)的感受,以及这种感受在外部形体上的反应。它不仅仅是在做形体动作,而且还要通过外部形体来表达内心对外来刺激的感受。这是考生在许多方面能力与素质的综合结果,需要有良好的观察力、感受力、想象力与对肌肉的控制能力,需要感知系统收到反馈信息后的快速处理能力、反应能力及肢体的协调能力等等的综合表现。因此,要求考生要身临其境,感受规定情境,用身体说话,用形体动作把内心感受到的东西充分表现出来。

检测方法:

选择一定的音乐或音响,制造出某种特定的气氛或某种特定的环境,让考生在其中感受并行动。要求考生充分运用身体语言,用形体动作来表现内心的感受,允许夸张,但要尽可能避免纯舞蹈化的动作,不允许沉默不动。因为这样考官无法看出考生的形体感受力和表现力。

以上所谈到的内容并非唯一的标准和方法,在具体考试中,测试的方法是多种多样的,这要根据具体情况和条件而定。特别是对个别有某种问题的考生,为避免失误,更应以不同的方式从各方面加以考查。

(7) 形体的爆发力

爆发力也是形体考试的考查项目之一,这就要求考生从一个肢体平静松弛的状态在最短的时间内迅速变到一个肢体紧张、剧烈、动作幅度较大的状态。这种瞬间的爆发力,不是每一个考生都具备的,但它却恰恰是作为演员的一个必备的素质。

3. 如何根据自身条件准备形体考试？

在自备形体表演的准备上,一定要下足工夫。形体能力的培养,并非一日之功,需要通过长时间的刻苦练习才能达到一定水平。

缺乏形体基本功的同学,应尽可能充分地准备考试作品。在流畅完成动作的同时,应将重点放在作品的表达方面,以此突出自己在表演方面的才华,从而弥补自己在形体基本功方面的不足。

对于有一定形体基本功的考生来说,形体考试时应多花些心思在设计编排上,将自己在形体方面具有的才能充分展现给考官。在设计编排上并不一定要讲究作品的完整性,而应把重点放在作品的可看性上。当然在作品中如果能加入一定的技巧性动作,那会更有利。不过同样要注重作品的表达。争取将作品编排得短小精炼,能在最短的时间内抓人眼球。而对于那些没有形体基础的考生,作品过长更容易暴露自身形体方面的不足。

不管表演哪种类型的形体作品,拿捏准作品的感觉,找到与之相配合的情绪非常重要。要特别提醒那些有形体基本功的考生,千万不要一味只顾着展示高难度的技巧动作,从而忽略情感的表达。眼睛是心灵的窗户,在形体表演时,眼神的表达也很重要。同时考生一定要尽可能地展现出自身的气质,哪怕是表演一段广播体操,也要把自身朝气蓬勃的一面展现给考官。

4. 形体考试需要注意什么？

(1) 选好伴奏

表演自备形体作品的时候,要精心选择作品的音乐伴奏。音乐如果恰当合适,往往能烘托作品,对展现考生才华有事半功倍的作用。如果没有音乐伴奏,考官就很难考查考生的节奏感。因此,一定要选择合适的伴奏带,考试时交给考场工作人员就行。

(2) 临时应变

由于有些考生对考场的空间估计有误,原来准备的形体考试作品因为动作幅度较大,无法在现有空间充分展示。在这个时候考生就应马上根据现有条件对作品的设计编排进行合理的调整。最好不要向考官说出因为空间小而不能充分发挥这样的理由,这样反而会给考官留下不好的印象。

5. 有关形体训练的综合性建议

(1)舞蹈技巧是在舞蹈的全面发展中获得的,学生们应该清楚各种练习本身不能代表舞蹈。

(2)开始用全身活动来做准备,之后逐渐进入持续性的和更严格的技能训练。

(3)用课堂上已学过的素材开始做准备动作,然后再进展到新的动作组合。

(4)在跳跃训练或各种类型的抬腿练习以前总要有适当的准备活动。课堂上应注意脚与腿的正确着地动作。

(5)技巧练习必须在身体两侧进行,在编排动作时可能有不对称现象,但做的时候则需两侧兼顾,以获得熟练的效果。

(6)尽可能运用人体控制力和各个环节的能力,把每个动作做得尽量合乎标准。

(7)不能忽视简单的姿态,它是学好舞蹈的先决条件。

(8)准备动作除姿势训练、脚的正确站立外,还应包括运动器官的锻炼,关节轴的运动,以及身体柔韧性、平衡能力和舞蹈的技能。

(9)准备动作阶段除有益于生理功能以外,还可为课堂训练定下基调。它应包含新的动作组合和技巧,为以后进一步的组合奠定基础,这些变化,将对发展与日俱增的动作语汇有帮助。准备动作阶段应该是每一连续课程中的一个组成部分。它对课程的开展应有引导、准备和不断创新的作用。

6. 形体训练作用

(1)对人体进行生理上的刺激,使它为更紧张和更高效的活动要求做好准备。

(2)发展成为一个受过良好训练、能自我控制的身体素质。

(3)不断使柔韧性、肌肉力量、平衡能力和协调性有所增强与改进。

(4)有效地增强人体的控制能力和技巧。

(5)发展一套动作语汇。

7. 形体考试训练注意事项

形体训练可以以"现代舞"的基本动作作为基础,它的训练方法比较符合演员形体训练的要求。尤其可以帮助那些没有形体基本功的考生解放肢体,并且帮助他们自如地控制肢体。

8. 形体基本功自我训练

为了训练同学们身体各部分的灵活性和身形的可塑性,在考试时能听从考官指挥做出各种要求动作,以下身体(形体)表现力的基本训练,可以在平时不断反复练习。

身体各部分分离动作练习:

练习时,两腿分开与肩宽,身体自然站立,不要过于放松,但也不要僵硬。当检查自己的身体已达到要求时，就可以开始活动。一般来说，分离动作往往是从头部开始，具体可做如下练习：

(1)头部与颈部活动练习

(2)肩部动作练习

(3)胸部动作练习

(4)双臂动作练习

(5)手与手腕动作练习

(6)胯部动作练习

(7)腿部动作练习

(8)脚与脚腕动作练习

声乐考试

应试篇

● 声乐考试问题集锦

1. 表演专业声乐考试的目的是什么？

演员塑造人物，声音是一个重要的元素。声音技巧的运用是演员创作角色的重要手段，演员需要根据角色的不同，不断变换声音的形态，以符合角色塑造的需要。因此，考官对考生的嗓音条件进行考查，是想看考生发声器官有无先天性的缺陷。

同时音乐感与音乐表现力是一个演员全面发展的重要条件。在影视或舞台演出当中，越来越多的演员都会亲自演唱其中的歌曲，以求真实、生动地传情达意。随着西方音乐剧的引进，中国观众也已逐渐接受这种综合的演出形式。就像电影《如果爱》，演员张学友出色的演唱功力赋予了角色鲜活的灵魂，大大地加强了人物本身的特质。想想如果演员本身没有演唱方面的出色表演，演出的艺术效果自然也会大打折扣。

各个艺术门类之间原本就是相通的。演员有了较高的音乐修养后，也能帮助其提高对节奏、韵律和美的感受的把握，对角色的塑造也能有直接的帮助。

2. 表演专业声乐考试的要求和测试方法是什么？

发声器官无重大疾病，耳、鼻、喉各器官无先天性欠缺，声带、咽部、喉部无慢性疾病，听觉无退化或音盲现象，在音准、音量、音域、音乐感、节奏感和音乐表现力方面都能正常发挥应有的效能。

在表演专业的考试中，一般是通过无伴奏演唱的方式来检查考生的声带与发声器官的先天条件的，并借此检查考生在音准、节奏方面有无问题。再就是通过考生演唱，判断考生对歌曲的感受与表达能力如何，是否真正理解歌词含义，是否能通过歌曲的旋律并结合自身的想象力将歌曲的内涵准确地表达出来。

通过专业声乐考查,检验考生的声音、音色、音质、气息的控制能力、共鸣腔体的运用、字与声的结合、声与情的结合能力等。在歌曲选材上,只要内容健康,古今中外各种歌曲皆可。在唱法上,没有严格规定,美声唱法、民族唱法、通俗唱法皆可。

测试方法

(1) 音准方面

音准,即通过耳音分辨音的高低是否准确的能力。老师用钢琴弹出某一高音,然后要求考生根据钢琴的音高唱出同样的音高。一般从二度音程唱到十度音程,有时也用增递音程如:

1—3、1—4、1—5、1—7、1—$\dot{2}$、1—$\dot{1}$、1—$^\sharp 5$、1—$^\flat 3$……根据考生唱出的音准程度判断考生这方面的能力。

(2) 音量方面

音量,即声音的响度、力度、大小变化等。通常考试时以部队喊口令的方式进行测试。如面对假想的上千人的队伍喊出"立正"、"向右(左)看齐"、"一、二、三、四"、"向左(右)转"等,或模仿部队刺杀训练喊出"杀、杀、杀"。有时此项考试还用远处喊人、山谷回声等练习测试考生声音大小变化的能力。

除此之外,对女生有时还会采用"农妇呼鸡"、"唤猪"等练习了解她们真假声的情况。

(3) 音域方面

音域是指每个人所发出的音的高低极限的范围,即最高和最低音是哪一个音。音域的宽窄对演员运用声音会有一定影响,一般人应该有两个八度如:

E—$\dot{E}$、G—$\dot{G}$、C—$\dot{C}$。

考试时,老师在钢琴上弹出音阶或琶音,要求考生跟着琴唱各种高音如:

1 2 3 4 | 5 6 7 $\dot{1}$ | $\dot{1}$ 7 6 5 | 4 3 2 1 ‖

1 3 5 1 | 5 3 1 3 ‖

(4) 音乐感和音乐表现力方面

对音乐的感受是一个演员全面发展的重要条件。通过每个考生的单独演唱或演奏的方式进行测试。要求每个考生能单独演唱一首完整的歌曲,曲艺、地方戏曲这样的形式也可以。考官要从演唱中了解考生对音乐的感受,以及情、气、字、声的运用情况和表现能力。

选择歌曲时,考生应根据自己的音乐素养水平来挑选曲目,歌曲的难易程度以适合自己声音条件为准。在选材上,内容健康、情绪向上的古今中外各种歌曲皆可。

(5) 节奏感方面

主要是指音乐方面的节奏感,即包括多种时值的声音强弱、长短的关系。每首乐曲都有其自己的节奏特点和强弱变化规律,除了在演唱、演奏乐曲中了解考生对节奏的感觉以外,老师还可以用手掌拍击的方法拍击出各种节奏,要求考生当场模仿出同样的节奏变化。通过这种方法了解考生对多种时值变化的把握能力。如:

×× | ×××× | ×O | ××× | ×O | ××××× | ××× | ×O ‖

3. 如何根据自身条件选择曲目?

在选择考试歌曲方面,要根据自身的音乐素养与水平挑选歌曲,尽量扬长避短,选择的曲目要符合自己的声音条件。声音较为低沉深厚的考生,可以选择那些适合男低音的曲目,千万不要尝试去飙高音。但自身的声音条件适合展示高音,那么就不妨选择那些能充分展现你音高、音域、音色的曲目,将你良好的声音条件充分展现给考官。

在选择考试曲目上,还要考虑与自己的形象气质相结合,利用演唱的曲目来展现自己的个性特点。像具有阳刚粗犷气质的男生就不妨选择一些军旅歌曲,如与《咱当兵的人》《小白杨》《打靶归来》等类似的歌曲;具有阳光活泼气质的考生可以选择与《童年》《让我们荡起双桨》《小小少年》等类似的歌曲。总之,曲目选择要因人而异。

由于考生多,考场上考生往往不能将一首歌曲完整演唱完,所以可以考虑节选原有歌曲的片段,让自己在最短时间内唱出歌曲华彩乐段及最能体现自己音色的段落。

4. 声乐考试有哪些误区?

(1) 选择粤语流行歌曲

在历年的考试中,都有考生选择粤语流行歌曲。这种选择比较不利于考试的发挥,因为中国内地艺术类高校的表演专业是以普通话作为基础语言进行台词训练的,广东话歌曲虽然在流行歌曲领域占重要位置,但不是内地演员的主要语言方式。因此,不提倡选择粤语歌作为考试曲目。

(2) 选择流行歌曲

一般来说也不提倡演唱流行歌曲,当然不是绝对的。对于那些可以展现考生音色、音域的流行歌曲也可以适当考虑。但是,对于那些歌词含混不清,只顾演唱者玩个人小感觉的流行歌曲,还是不要选择的好。

(3) 演唱距离

在声乐考试时一定要考虑演唱空间以及与考官之间的距离。因为现今的考生大多数都习惯了去 KTV 唱卡拉 OK,往往依赖于话筒的扩音设备,这样很不利于真实地展现考生声带与声音的自然条件。所以有些考生一旦站到考场上离开了话筒,就会找不到演唱的感觉,从而影响考试的正常发挥,同时也直接影响了考官对你的评价。

考试中的演唱由于条件所限,通常是无伴奏清唱。因此,考生在练习准备阶段就要做好这方面的准备。

(4) 欠缺表演的歌唱表达

另外要提醒广大考生的是，由于我们不是报考音乐学院，而是表演专业。因此不要忘记通过歌曲将你的表演才华显现出来。在演唱时别一味只顾音准、节奏或是某几个华丽的高音，而忽略了对歌曲的表达，千万不要把抒情的爱情歌曲唱得过于严肃沉重，也不要把阳刚励志的歌曲唱得软绵绵，这样都会给考官留下表演素质欠佳的印象。

练习篇

一、简谱视唱练习

$1=\text{E}$ $\frac{6}{8}$ $\frac{9}{8}$ 庄重、深情地

(6) [乐谱]

二、节拍练习

常见的拍子主要是指 2/4、3/4、4/4、3/8 以及 6/8 拍子，然而在这有限的几种节拍中却可以存在着千变万化的节奏。常见节奏分类如下：

1. 基本类

| 简记名称: | 四分 | 二八 | 四十六 | 八十六 | 十六八 | 三连音 |

2. 附点类

| 简记名称: | 小附点 | 小后附点 | 小小附点 | 大附点 | 大后附点 | 大附点后十六 | 前十六大后附点 |

3. 切分类

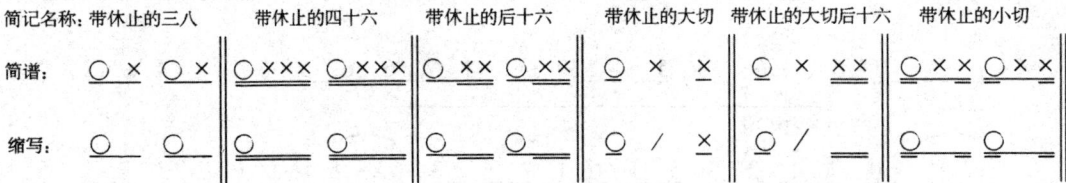

4. 休止类

5. 跨拍、跨小节延音线类（亦可称跨拍、跨小节切分。在基本的节奏型上加上延音线即可形成各种复杂的切分节奏）

在节奏的听记中，经常有学生感觉到节奏唱得出却写不出，或是来不及记谱。因此，我们需要学习和掌握节奏的"缩写记法"，如上例所示，其记谱的特点是简单明了，能方便快速地记谱。不过"缩写记法"一般只适于在自己的草稿纸上速记，在试卷上答题则需规范。

口试和才艺展示

应试篇

一、口试和才艺展示问题集锦

1. 表演专业三试中口试及心理问卷的目的是什么?

口试与心理问卷在表演专业的考试过程中属于最后一个环节。

口试:为进一步了解考生的自身修养、思想水平、语言概括能力,以及口头表达的逻辑和思考的深度,同时借此了解考生的应变能力。口试经常会涉及一些基本的文艺常识。考官希望借此了解考生的文艺修养、文化层次与知识结构。如果考生具有了良好的文化修养,从事艺术创作的生命力才能更长久。

心理问卷:在一、二、三试的考试现场,老师对每一个考生的考查是有限的。并且在考试时,考生几乎是使尽浑身解数想在最短的时间内将自己最优秀的一面展现给考官。所以有时考官对考生的了解并不完全真实,有些考生的表现甚至可能还具有一定的"欺骗性"。为了能让考生和老师之间有更多近距离的交流,考官就专门设置了这一比较放松自然的考试环节。

在这一环节中,考官一般更注重了解考生的性格、兴趣爱好、思想深度及品德秉性诸方面的情况。考官只有在这些方面对考生有了一个全面的了解后,再结合考生的专业素质,才能对考生是否适合从事表演专业的学习做出一个判断。

2. 表演专业三试中口试与心理问卷的基本内容是什么?

首先是对考生个人基本情况的进一步了解。毕竟通过一张报名表所体现出来的考生个人情况是有限的。在三试现场,考官会根据不同考生的情况进一步了解考生,主要是家庭情况、成长情况、考学的经历、以前的学习情况、艺术方面的学习过程等等。总之,针对不同的考生，问题的方式也会有所不同。

其次就是对考生的文学与艺术修养进行考查。这就需要考生平时在这方面的积累，显然不是"临时抱佛脚"就能应对的。在这一环节，考官涉及的问题很广，包含了电影、电视、戏剧、戏曲、音乐、美术、文学等各个领域。当然涉及的也都是一些基础知识，不会有非常专业深入的问题。例如像中国电影与世界电影诞生的时间？莎士比亚的戏剧作品有哪些？京剧四大名旦是哪几位？享有"交响乐之父"美誉的音乐家是哪位？西方美术史上文艺复兴三杰是哪几位等等这类的问题。

再次就是对考生艺术观的了解。对于一个报考表演专业的考生来说，首先应该树立良好的艺术观。考官会根据不同考生的情况进行具体的提问，以了解考生的基本素养。比如，为什么要报考表演专业？最想上的是哪一所院校？为什么想当演员？你是怎么理解演员这个职业的？有没有看过舞台剧？最喜欢的演员是谁，为什么？平时都看过哪些文学作品？最喜欢哪个作家，原因是什么等诸如此类问题。

在口试和心理问卷这一环节，考官们希望广大考生能以最真实的姿态回答问题，让考官对你是否真正适合学习这个专业进行真实的判断。如果考生在回答时弄虚作假，最终欺骗的人其实只能是自己。试想如果考生进入了表演专业的学习，但在过程中却发现自己实际上不适合这个专业的学习，那时一切的后果也只能由考生自己承担了。

3. 应对口试及心理问卷为什么要真实？

应对口试与心理问卷最好的方法就是真实，要实话实说。在回答问题时，对考官要有礼貌，不要因害怕或别的什么原因刻意回避考官的眼神，要敢于正视考官，努力与考官进行正面坦诚的交流，切勿刻意讨好或迎合考官。对自己回答不上来的问题不要紧张，更不可不懂装懂，不知道就是不知道，那些圆滑投机、故弄玄虚的考生是不会引起考官的好感的。所以如果想在口试中给考官留下好的印象，那唯一的办法就是平时多读书，注意知识的储备与积累。

4. 什么是才艺？如何展示？

往往有许多考生不太明白什么是才艺，他们常常觉得自己会弹一点钢琴，小时候练过一些比较基础的舞蹈，就算做才艺了。其实这样的理解是错误的，这里所指的才艺需要达到一定的专业水准，必须切切实实具备了一定的艺术功底，至少也得是练了五六年的某项技能。

所以那些选择在三试中展示才艺的考生，一定要提前做好准备，以便充分展示自己的才华。那些想展示乐器才华的同学，除了像钢琴一类比较笨重的乐器不便带入考场外，其他方便携带的，你所擅长的乐器在调试好之后都可以带入考场进行才艺展示。

当然，在其他领域具有才艺的考生，也可以将你所需的特殊表演道具事先准备好，带入考场使用。千万别出现由于没有做好充分准备，而缺少表演道具或服装的情况。那些受现场条件所限,不便展示才艺而确实具有才艺的同学,可向考官出示你在才艺方面的专业等级证书。

5. 如何应对才艺展示?

才艺展示是一个自选的考试项目,并不是必考项目。如果没有才艺,不苛求;有才艺,就充分展示才艺,以最好状态显示出某个领域的表演素质。

没有才艺展示的考生,不必有什么特别的心理负担。因为没有展示,就不会有任何额外的影响。相反倒是那些没有才艺却硬要表演的考生,反而会因此暴露自己某方面的弱点,给考官留下不好的印象。因此,才艺展示千万不要成为考生的负担,没有才艺的考生千万不要勉强。

二、口试艺术常识100题

1. 世界电影诞生于1895年。
2. 世界上第一部有声电影是《爵士歌王》。
3. 中国的第一部有声电影是《歌女红牡丹》。
4. 中国电影诞生于1905年。
5. 中国摄制的第一部影片是《定军山》,其主角是著名京剧演员谭鑫培。
6. 景别是指被拍摄的事物(可以是人、物或环境)在画框内呈现的范围,主要有以下五种:远景、全景、中景、近景、特写。
7. 摄影机的运动主要包括六种基本形式:推、拉、摇、移、跟、升降。
8. 蒙太奇是指通过对镜头进行有目的、有逻辑的组接,在其间建立联系,从而产生丰富意义的电影制作手法。
9. 中国故事片的最初尝试是由1913年第一部故事短片《难夫难妻》(又名《洞房花烛》)开始的。
10. 袁牧之的代表作《马路天使》成为20世纪30年代中国电影的优秀代表,它为中国电影达到第一个高峰画上了圆满的休止符。
11. 《一江春水向东流》由蔡楚生、郑君里合作编导,是中国现实主义影片的杰作,也是中国电影艺术成熟的标志。
12. 谢晋,我国第三代电影人中最具代表性的人物,代表作品有《红色娘子军》、《舞台姐妹》、《天云山传奇》、《牧马人》、《高山下的花环》、《芙蓉镇》。
13. 石挥,20世纪三、四十年代从事话剧影视表演时就已经有很大名声,《我这一辈子》是他自编、自导、自演的一部优秀作品。
14. 1949年上海国泰电影公司导演张英、张彻拍摄的影片《阿里山风云》成为了台湾第一部自制国语故事片。
15. 1963年初李行独立制作的影片《街头巷尾》,是台湾国语影片中第一部具有艺术创见的电影,同时它的温情写实风格也符合"健康写实主义"的标准。

16. 美国导演大卫·格里菲斯,被认为是对早期电影发展作出极大贡献的开创性人物。他于1915年执导的作品《一个国家的诞生》成为早期电影集大成之作。

17. 查理·卓别林是美国影史上最杰出的喜剧演员,是无声电影时期最有才华和影响力的人物之一。他主演的重要影片有《淘金记》、《城市之光》、《摩登时代》、《大独裁者》等。

18. 影片《乱世佳人》是好莱坞在它的黄金时代呈现出的最引以为豪的经典之作。影片在1940年的奥斯卡颁奖晚会上一举获得了包括最佳影片在内的八大奖项。所取得的商业成功与艺术成就将好莱坞电影推上了它的巅峰。

19.《公民凯恩》又名《大国民》,是一部内涵丰富、富于哲理的传记体影片,是当时年仅26岁的奥逊·威尔斯自编、自导、自演的成名代表作。这部电影被誉为"现代电影的纪念碑",被视作"电影史上十大影片"当之无愧的冠军和头号经典。

20. 安东尼奥尼是意大利现代主义电影大师,其代表作品是"关于人类感情的三部曲"《奇遇》、《夜》和《蚀》。

21. 黑泽明是日本电影和世界影坛最重要的大师之一,他的电影《罗生门》为世界第一次打开了认识日本乃至亚洲电影的大门,也从此迎来了日本电影的黄金时代。

22. 美国的格里菲斯是"最后一分钟营救"蒙太奇手法的创造者,也是他把电影发展成为了一门与音乐、美术、文学等艺术平起平坐的独立艺术门类。

23. 1975年,斯蒂芬·斯皮尔伯格执导的《大白鲨》收入了一亿三千三百万美元,创下了当时的票房纪录。作为商业电影的成功者,之后他又相继推出了《夺宝奇兵》、《外星人》、《辛德勒名单》、《拯救大兵瑞恩》等影片。

24. 1958年北京电视台作为我国第一座电视台开始试验播出,这是中国电视事业的开端。

25. 古希腊三大悲剧家是埃斯库罗斯、索福克勒斯、欧里庇得斯。

26. 被恩格斯称为"悲剧之父"的古希腊剧作家是埃斯库罗斯,他的代表作是《被束缚的普罗米修斯》;"戏剧艺术的荷马"索福克勒斯,代表作是《俄狄浦斯王》,是希腊悲剧艺术完美结构的典范;欧里庇得斯被称为"心理戏剧的鼻祖",代表作是《美狄亚》。

27. 阿里斯托芬被称作是古希腊"喜剧之父",以喜剧创作对一些政治弊端和社会恶习进行辛辣的讽刺。一生创作了44部喜剧,主要有《骑士》、《鸟》、《阿卡奈人》等。

28. 维加,西班牙文艺复兴时期最著名的诗人和最多产的剧作家。他一生的戏剧创作不仅数量庞大,而且题材广泛,其中成就最大的当是关于农民生活和农民暴动的现实题材剧《羊泉村》。

29. "三匣选婿"是莎士比亚剧作《威尼斯商人》中的情节。

30. 莎士比亚的四大悲剧是:《李尔王》、《奥赛罗》、《哈姆雷特》、《麦克白》。

31. 莫里哀在《悭吝人》中塑造了著名的吝啬鬼阿巴贡的形象。

32. 高乃依的剧作《熙德》的问世,标志着法国古典主义悲剧的诞生。

33.《一仆二主》是意大利剧作家哥尔多尼的代表作,此剧塑造了一个为生存,不惜同时侍奉两个主人的小人物特鲁法尔金诺的形象。《女店主》是哥尔多尼另一部代表作品,剧中女店主米兰多琳娜是哥尔多尼塑造的最成功最光彩的女性形象。

34. "费加罗三部曲"包括《赛维勒的理发师》、《费加罗的婚礼》、《有罪的母亲》。

35. 被恩格斯誉为"德国第一部有政治倾向的戏剧"是库勒的《阴谋与爱情》。

36. 高尔基,前苏联伟大的无产阶级作家,社会主义文学奠基人,代表作品有《海燕之歌》和三部曲《童年》、《在人间》、《我的大学》。

37. 契诃夫,19世纪末期俄国批判现实主义作家,代表作品有《伊凡诺夫》、《海鸥》、《三姐妹》、《万尼亚舅舅》、《樱桃园》。

38. 易卜生,挪威著名戏剧家,代表作品有《玩偶之家》、《培尔·金特》、《群鬼》、《人民公敌》。

39. 1898年,著名导演斯坦尼斯拉夫斯基和丹钦科创办了莫斯科艺术剧院,开创了俄罗斯戏剧的新纪元。斯坦尼斯拉夫斯基开创的以体验为主的戏剧表演体系,被称作斯坦尼斯拉夫斯基体系,主张"演员与角色合一"。这一体系对包括现代中国戏剧艺术在内的20世纪世界现实主义戏剧运动产生了很大的影响。

40. 尤金·奥尼尔,被誉为"美国戏剧之父",他的剧作曾多次获得美国的普利策奖。由于他对戏剧艺术的重要贡献,在1936年荣获诺贝尔奖。他一生写过四十几部剧作,重要作品有《天边外》、《安娜·克里斯蒂》、《琼斯皇》、《毛猿》、《榆树下的欲望》等。

41. 田纳西·威廉斯是美国剧作家,代表作品有《玻璃动物园》、《欲望号街车》等,在他的这些作品中充满了欲望和压抑这两种元素。

42. 阿瑟·米勒,美国剧作家,代表作品有《推销员之死》、《萨勒姆女巫》。

43. 迪伦·马特,瑞士剧作家,代表作品有《立此存照》、《物理学家》、《天使来到巴比伦》。

44. 德国戏剧大师布莱希特,推崇"间离方法",要求演员与角色保持一定的距离,不要把二者融合为一,演员要高于角色、驾驭角色。这种新的演剧理论和方法被称为布莱希特戏剧体系。他的代表作品有《母亲》、《伽利略传》、《四川好人》、《高加索灰阑记》。

45. 1907年中国戏剧团体"春柳社"在东京上演《茶花女》和《黑奴吁天录》,这一事件标志着中国话剧的开端。

46. 1924年中国剧作家洪深根据王尔德的《温德米尔夫人的扇子》改编的《少奶奶的扇子》,在上海演出取得了巨大成功。1928年,在洪深的建议下,这种新型戏剧被命名为"话剧"。

47. 田汉,中华人民共和国国歌《义勇军进行曲》词作者,还是著名戏剧家,对中国新兴话剧的奠基和发展起到了重要作用。代表作有《获虎之夜》、《名优之死》、《乱钟》、《回春之曲》、《丽人行》、《关汉卿》。

48. 中国话剧三大奠基人：欧阳予倩、田汉、洪深。

49. 丁西林，是"五四"以后致力于喜剧创作的较有影响力的剧作家之一，他被誉为独幕剧"圣手"。《一只马蜂》和《压迫》是其早期代表作。《三块钱国币》则写于1939年，这部剧作反映了丁西林在剧作思想和技巧上的进一步发展与成熟，被公认为"五四"以后最优秀的独幕剧之一。

50. 郭沫若话剧代表作有《棠棣之花》、《屈原》、《虎符》、《蔡文姬》、《武则天》等。

51. 夏衍的话剧代表作有《秋瑾传》、《上海屋檐下》、《法西斯细菌》、《芳草天涯》等。

52. 曹禺，中国话剧史上继往开来的重要人物，他的《雷雨》是中国话剧艺术成熟的标志。其后的《日出》、《北京人》、《原野》也都是公认的杰出之作。

53. 周朴园、繁漪、鲁侍萍、四凤、周萍是曹禺作品《雷雨》中的主要人物。

54. 陈白露、潘月亭、方达生、李石清是曹禺作品《日出》中的主要人物。

55. 曾文清、愫方是曹禺作品《北京人》中的主要人物。

56. 老舍的话剧代表作是《方珍珠》、《龙须沟》、《西望长安》、《茶馆》。

57. 王利发、常四爷、秦仲义是老舍作品《茶馆》中的主要人物。

58. 徐晓钟执导的话剧《桑树坪纪事》被中国戏剧界誉为中国新时期戏剧的里程碑作品。

59. 五幕话剧《小井胡同》，作者是李龙云，1985年由北京人民艺术剧院首演。剧本描写了北京城南一条小胡同从20世纪50年代至70年代的历史变迁。

60. 三幕话剧《天下第一楼》，作者是何冀平。1991～1993年，剧组赴日本、香港、台湾等地演出，获得巨大成功。

61. 享有"交响乐之父"美誉的作曲家是海顿。他是奥地利著名作曲家，维也纳古典乐派奠基者之一。

62. 莫扎特，奥地利作曲家，有"音乐神童"之美誉，主要作品有《费加罗的婚礼》、《唐璜》、《魔笛》。

63. 贝多芬，德国作曲家，对世界音乐的发展有着举足轻重的作用，被世人尊称为"乐圣"。他的《英雄交响曲》是一部在音乐史上具有里程碑意义的作品。

64. 肖邦，波兰作曲家，创作了很多具有爱国主义思想的钢琴作品，被誉为"钢琴诗人"。钢琴曲《C小调练习曲》是肖邦在听到华沙陷落后完成的。

65. 柴可夫斯基，俄国作曲家，著名的作品有歌剧《黑桃皇后》、《奥金》，舞剧《天鹅湖》、《胡桃夹子》。

66. 刘天华，中国现代民族音乐一代宗师，中国优秀的民族乐器作曲家、演奏家、音乐教育家，主要作品有《光明行》、《良宵》、《空山鸟语》、《病中吟》。

67.《义勇军进行曲》是影片《风云儿女》的主题歌,田汉作词,聂耳作曲,1982年被全国人民代表大会正式确定为国歌。

68. 冼星海,中国近代作曲家、钢琴家,1939年他在抗日民主根据地延安所作的《黄河大合唱》是最广为人知的作品。

69. 1945年,延安鲁迅艺术学院的革命艺术家集体创作了歌剧《白毛女》,被认为是中国民族歌剧的里程碑。

70. 1964年,由全国许多专业团体和艺术家集体创作的大型音乐舞蹈史诗《东方红》,集中体现了新中国成立以来我国歌舞音乐的最大成就。这部史诗选择了各个革命阶段最有代表性的典型事件,从而使它成为中国人民谋求解放的历史缩影。

71. 阿炳,原名华彦钧,民间音乐家,无锡人。身世坎坷飘零,因患眼疾而双目失明。他一生共创作和演出了270多首民间乐曲。他创作的二胡独奏曲《二泉映月》是作者沿街行乞时所奏乐曲。

72. 关汉卿,元代著名杂剧作家,代表作有《窦娥冤》、《救风尘》、《单刀会》、《望江亭》等。

73. 四大南戏,指《荆钗记》、《刘知远白兔记》、《拜月亭记》和《杀狗记》,简称荆、刘、拜、杀,也被称为"四大传奇",在明清时期传演甚广,影响深远。

74. 王实甫,元代著名杂剧作家,以《西厢记》一剧享誉剧坛。

75. 元杂剧《赵氏孤儿》,是元代戏曲家纪君祥唯一存留下来的作品。在戏剧发展史上有很重要的地位,很早就被翻译成外文,登上了世界戏剧的舞台。

76. 四功五法,戏曲界经常说的术语。四功即唱、念、做、打,为戏曲表演的四项基本功。五法指手、眼、身、法、步五种技艺。

77. 京剧四大名旦,指的是20世纪20年代先后成名的四位京剧旦角演员,他们是梅兰芳、尚小云、程砚秋、荀慧生。

78. 周信芳,京剧演员,艺名"麒麟童",20世纪20年代以来享有盛名,他所建立的表演体系是南派老生的主要流派,也是当代京剧重要老生流派之一,称为"麒派"。代表剧目有《徐策跑城》、《乌龙院》、《四进士》等。

79. 谭鑫培,京剧演员,工老生,曾演武生。代表剧目有《定军山》、《空城计》、《李陵碑》。

80. 梅兰芳,京剧演员,工旦,形成了风格独特的"梅派",代表剧目有《宇宙锋》、《霸王别姬》、《贵妃醉酒》、《断桥》、《穆桂英挂帅》等。《舞台生活四十年》一书是梅兰芳的自传体回忆录。

81. 四大徽班,即三庆、四喜、春台、和春,是清代乾隆以后活跃于北京的四个最著名的徽班,为京剧的形成打下了基础。

82. 在清朝同、光年间,以"前三鼎甲"和"后三鼎甲"为代表的名角对京剧的形成起了重要作用,京剧老生的创始人程长庚、余三胜、张二奎被称为"前三鼎甲",后来谭鑫培、汪桂芬、孙菊仙取代了他们的位置,被称为"后三鼎甲"。

83. 我国不同民族、不同地方的戏曲各有不同,它们之间的差别,一般按照演唱声腔来区分。现在较流行的中国四大声腔系统是指梆子腔、皮黄腔、昆腔和高腔。

84. 戴爱莲,中国当代舞蹈艺术先驱者和奠基人之一,被誉为"中国舞蹈之母"。代表作《游击队的故事》、《思乡曲》、《和平鸽》、《荷花舞》、《飞天》。

85. 独舞《春江花月夜》表现了一位古代少女在春天的月夜,漫步于江边花丛中,触景生情,幻想自己美满幸福爱情生活的画面。曾获"中华民族20世纪舞蹈经典作品"金像奖,表演者为陈爱莲。

86. 1956年北京舞蹈学校第一次上演了一部外国舞剧《无意的谨慎》。

87. 1958年我国第一次上演《天鹅湖》,舞蹈演员白淑湘成功地扮演了女主角"奥杰塔",被称为中国的第一只"白天鹅"。

88. 中国芭蕾舞剧《红色娘子军》,是中国第一部成功的大型芭蕾舞剧,不管是内容还是形式都体现出了鲜明的中国特色。

89. 吴晓邦,舞蹈艺术家、舞蹈理论家、教育家。其《新舞蹈艺术概论》成为中国第一本舞蹈理论的专著。

90. 贾作光,著名舞蹈表演艺术家、编导艺术家,中国现代民族民间舞的奠基创始人,北京舞蹈学院创建人,有"东方舞神"之誉。代表作有《牧马舞》、《鄂伦春舞》、《马刀舞》,是蒙族舞的奠基人之一。

91. 1581年由意大利芭蕾大师巴尔塔扎·德·博若耶编导的《皇后喜剧芭蕾》,取材于荷马史诗,被认为是西方古典芭蕾史上第一部完整的芭蕾舞剧。

92. 被称为"古典芭蕾之父"的是法国芭蕾大师彼季帕,其代表作有《睡美人》、《天鹅湖》、《胡桃夹子》。

93. 邓肯,美国著名现代舞蹈家,她最著名的代表作有《马赛曲》、《国际歌》、《少女死亡之舞》等。邓肯一直被现代舞蹈家们奉为精神领袖,被誉为"现代舞之母"。

94. 马萨·格雷姆,美国著名现代舞蹈家,美国现代舞奠基人之一。代表作品有《异端》、《悲歌》、《黑夜的旅程》、《天使的乐园》。在西方艺术史上,和毕加索、斯特拉文斯基齐名。

95. 顾恺之,东晋画家。其作品题材包括历史故事、道释、人物、仕女、山水、禽兽等,均已失传。现有《女史箴图》、《洛神赋图》等宋摹本传世。

96. 吴道子,唐代画家,千余年来,吴道子被民间奉为"画圣",民间画工尊之为"祖师"。

97. 《清明上河图》,作者为张择端。该画描绘了北宋都城汴京清明时节汴河两岸的风光,以全景式的构图、严谨精细的笔法,展现了当时社会生活风貌。

98. 明代中期,在苏州出现了一个新的画家群体,史称"吴门画派"。吴门画派的领袖沈周和他的学生文征明、唐寅,再加上仇英,合称"吴门四家"。

99. 文艺复兴三杰指的是,在文艺复兴盛期,以达芬奇、米开朗基罗、拉斐尔为代表的艺术家。

100. 罗丹,法国振兴和发展雕塑艺术的一代宗师,《思想者》、《巴尔扎克像》等是他的代表作。

附录一　考试必备资讯

一、著名艺术院校介绍

中央戏剧学院

中央戏剧学院是教育部直属艺术院校,是中国戏剧艺术教育的最高学府,是世界著名的艺术院校,是我国戏剧、影视艺术教学与科研的中心和亚洲戏剧教育研究中心(ATEC),是从事戏剧影视艺术训练和实践的重要基地。

中央戏剧学院1950年4月正式成立,国家主席毛泽东亲笔题写校名。学院前身是延安鲁迅艺术学院、华北大学文艺学院及南京国立戏剧专科学校。著名戏剧家欧阳予倩、著名表演艺术家金山、导演艺术家徐晓钟、戏剧教育家王永德先后担任院长,曹禺、张庚、光未然、沙可夫、李伯钊等著名戏剧家曾担任过学院领导。现任党委书记刘国富,院长徐翔。

中央戏剧学院的"戏剧戏曲学"是国家重点学科。学院教学科研机构设有:表演系、导演系、戏剧文学系、舞台美术系、电影电视系、艺术管理系、基础教学部、影视艺术职业学院、戏剧艺术研究所、学报社、国际文化交流中心等。

学院本专科专业设置有:表演专业、导演专业、戏剧影视文学专业、戏剧影视美术设计专业、戏剧学专业、公共事业管理专业、播音与主持艺术专业。研究生专业设置有戏剧戏曲学、电影学、广播电视艺术学,学院设博士后科研流动站。

中央戏剧学院建院50多年来,培养了近万名毕业生,陈道明、姜文、孙红雷、胡军、陈宝国、刘烨、巩俐、章子怡、秦海璐、江珊、陶虹、吕丽萍等这些影视艺术家和一线明星都是中戏的毕业生。他们中有多人多次荣获文华奖,"五个一工程"奖,戏剧梅花奖,振兴话剧奖,电影金鸡奖、百花奖、电视金鹰奖、飞天奖以及国际电影大奖,如金熊奖、金狮奖、金拐棍奖、金马奖、奥斯卡奖提名等,取得了令人瞩目的成就。

特别提示:2010年中央戏剧学院招生新变化

1. 按教育部教学司〔2009〕34号文件规定,艺术类专业考试分为省级招办统一组织的专业考试和招生院校组织的专业考试两种形式。我院在省级统考合格考生范围内组织校考,考生所报专业属省级统考涉及的,考生须参加省级统考,省级统考未涉及到的专业,考生可直接参加校考。

2. 为了支援新疆培养少数民族戏剧艺术人才,2010年我院表演(戏剧影视表演)专业、戏剧影视美术设计(舞台设计)专业继续面向新疆本区内少数民族考生招收民考民本科生,考生须来京参加我院专业考试,具体报考办法及要求参照简章。学生录取后按照教育部统一安排在预科班学习一年,预科学习期满,经考核合格后,转入我院相关专业学习。

3. 报考我院高职(专科)的考生需以兼报的形式参加相关专业的本科考试。

4. 因我院新校区一期工程已近完工,高职层次新生将于2011年先期进驻新校区。

5. 华侨、港澳地区、台湾省考生及留学生报考我院,专业考试时间、地点、科目遵照本简章执行。

此外,与往年相比,2010年的招生考试和录取工作略有调整,具体区别如下:

第一,舞台美术系的考试形式与往年比有所变化,初试和二试将在同一天内分上下午进行。因此,今年报考舞美系的考生,需要提前做好相应准备。

第二,个别本科专业的录取原则有所调整。其中,戏剧影视文学(戏剧创作、电视剧创作)专业、戏剧学(戏剧史论与批评)专业:专业课考试合格考生,高考总分达到我院确定的录取控制分数线,外语成绩达到我院确定的分数线后,按专业考试总分和高考总分相加总成绩从高分到低分择优录取;语文成绩必须达到满分的60%。公共事业管理(影视制片管理)专业:专业考试合格的考生,高考总分达到我院确定的录取控制分数线,外语成绩达到我院确定的分数线后,按文化课成绩从高分到低分择优录取。其余专业仍按照考生高考成绩达到我院确定的录取控制分数线后,按专业考试成绩从高分到低分择优录取的原则。外语成绩须达到我院确定的分数线。

第三,个别高职(专科)专业的录取原则也有所调整。编导(剧本创作)专业:专业考试合格考生,分省按专业课总分和高考总分相加总成绩从高分到低分择优录取。电视制片管理(影视制片管理)专业:专业考试合格的考生,分省按文化课成绩从高分到低分择优录取。其余专业的考生在文化课成绩必须达到生源所在省级招办划定的相应录取控制分数线的基础上,按照我院专业考试成绩从高分到低分择优录取。本科兼报高职(专科)但未被本科录取的本科专业考试合格考生,参加高职(专科)批次录取时,专业排名在专业考试合格的高职(专科)之前。

第四,北京生源的考生,高职(专科)层次采用高会统招方式。高考统考科目:语文、数学(文/理)、外语,会考参考科目:历史、政治。录取时统考科目总分须达到北京市艺术高职(专科)录取控制分数线,会考科目等级要求:C。

第五,表演专业的考试内容有所变化。表演专业的考试内容更加强调"朗诵",而且一试时限定朗诵内容为诗歌,二试时限定朗诵内容为自选小说或散文,三试时限定朗诵内容为主考教师指定散文或戏剧独白。同时,表演专业的一试取消"命题表演"内容,二试将"命题表演"改为"即兴表演",取消"声乐"考试内容。

北京电影学院

北京电影学院是中国电影人才的摇篮,是目前中国高等艺术教育中唯一的电影专业院校,在国内电影和文化艺术界享有盛誉,也是世界著名的电影艺术高等学府。经过58年的建设和发展,学院建立了科学、完整的电影学学科体系,形成了以本科教学为主体,涵盖专科、本科、硕士、博士和继续教育的多层次电影高级专业人才培养的体系。

学院建有动画艺术、录音技术、美术特技和数字电影等4个具有重要影响力的重点电影专业实验室。实验室拥有国际、国内最先进的电影技术设备,参与了重要电影、电视片的制作,其中录音技术实验室是全国高校唯一获得国际声音权威杜比公司资格认证的实验室。图书馆总藏书量285090万册/种,生均图书98册。同时,学院建成了"千兆骨干、百兆桌面"的数字校园网络。

学院现有10个本科教学系、院,9个本科专业(戏剧影视文学、导演、表演、摄影、戏剧影视美术设计、广告学、录音艺术、公共事业管理、动画)共28个专业方向;艺术学一级学科硕士点1个。目前,学院的电影学博士点1个(4个研究方向);电影学、广播电视艺术学、美术学、艺术学(一级学科)4个硕士点(53个研究方向)都已经招生。同时,学院有4个国家广播电影电视总局(部级)本科重点专业;4个北京市本科品牌专业;4个北京市本科骨干专业;还有1个北京市硕士重点学科,两个硕士重点建设学科。学院是国家动画教育研究基地、北京影视艺术研究基地和中国儿童电影研究中心的挂牌单位。配合教学,学院建有电影研究所、电影技术研究所、电影表演艺术研究所、电影动画艺术研究所、影视文化产业研究所、中日动画漫画研究中心和《北京电影学院学报》、《中国动画产业年报》以及《中国电影产业年报》编辑部等研究机构。

截至2006年12月底,学院有教职工542名,其中专任教师284名,具有正高职称者45名,副高职称者91名,具有硕士学位以上的156名。博士生导师11名,硕士生导师108名。学院2005年荣获北京市教育创新先进集体荣誉称号。

学院是面向全国招生的艺术院校,招生范围涵盖了包括港、澳、台以及全国的31个省、自治区、直辖市。现有全日制在校本科生1531名、硕士生341名、博士生33名、大专生564名、继续教育学历生60名和留学生56名。

学院教师中大部分是国内、国际电影学专业的艺术家、专家、学者、学科带头人和中青年优秀教师,具有比较丰富的电影技术、艺术创作实践经验和成果,为中国电影领域的艺术创作和理论研究,取得了优异的成绩,获得过国际、国内电影、电视创作的多项大奖。很多教师被北京大学、清华大学、北京师范大学、人民大学、哈尔滨工业大学、重庆大学、中国传媒大学、中央戏剧学院、上海戏剧学院、首都师范大学、浙江传媒学院、南京艺术学院、中国艺术研究院、中国电影艺术研究中心、中国文化书院等高等院校、科研机构和研究院所聘为博士生导师和客座教授。

在半个多世纪的办学历程中,我院为国家培养了大批高级电影专门人才。其中有陈强、赵联、庞学勤、于洋、许还山、张天民、林汝为、林农、王炎、李文化、魏铎、沈杰、阿达、吴贻弓、丁荫楠、胡炳榴、陈家林、韦林玉、谢飞、郑洞天、张暖忻、王好为、黄蜀芹、广春兰、李前宽、颜学恕、滕文骥、郭宝昌、翟俊杰、韦廉、陈凯歌、田壮壮、吴子牛、张艺谋、黄建新、鲁晓威、尤小刚、顾长卫、张黎、侯咏、赵飞、王小列、肖锋、赵小丁、陶经、李少红、胡玫、陈国星、霍建起、尹力、冯小宁、何群、唐国强、寇振海、宋春丽、肖雄、张铁林、刘佳、周里京、方舒、张丰毅、谢园、沈丹萍、王志文、许晴、胡亚杰、蒋雯丽、徐静蕾、黄磊、赵薇、陈坤、何琳、黄晓明、张元、王小帅、贾樟柯、陆川、王全安、余男、柳云龙等一大批国内外著名和知名的电影艺术家及电影专业人士。他们已经成为中国电影事业的中坚力量。学院各个届别和专业的学生,也为中国电影的发展和繁荣做出了巨大的贡献。

上海戏剧学院

上海戏剧学院是中国培养戏剧专门人才的高等艺术院校,前身是上海市市立实验戏剧学校。1945年12月1日由著名教育家顾毓琇与著名戏剧家李健吾、顾仲彝、黄佐临等创立,熊佛西先生为首任院长。1949年10月,上海市立实验戏剧学校改名为上海市立戏剧专科学校。1952年全国高等院校实行院系调整,山东大学艺术系戏剧科、上海行知艺术学校戏剧组并入后正式建院,更名为中央戏剧学院华东分院。1956年正式命名为上海戏剧学院,系文化部直属高等艺术院校。2000年4月划转为由上海市与文化部共建,2002年6月,原上海师范大学表演艺术学院、上海市戏曲学校、上海市舞蹈学校并入上海戏剧学院。

建校以来,学院培养了近万名文艺专门人才,其中戏剧表演方面的代表人物有:祝希娟、焦晃、赵有亮、潘虹、奚美娟、王洛勇、李媛媛、陈红、尹铸胜、陆毅、李冰冰、佟大为等;编导方面的代表人物有:余秋雨、沙叶新、胡伟民等;舞美设计方面的代表人物:周本义、胡妙胜、金长烈、韩生、伊天夫等;在美术方面有旅美艺术家:吕振环、蔡国强等;电视主持方面的新秀有:和晶、陈蓉、董卿等;戏曲演员代表有:蔡正仁、梁谷音、岳美缇、张洵澎、计镇华、杨春霞、张静娴、史敏、王佩瑜等;舞蹈演员代表有:凌桂明、石钟琴、茅惠芳、汪齐凤、杨新华、辛丽丽、黄豆豆、谭元元、范晓枫、孙慎逸、方仲静、姚伟等。他们当中相当一部分成为了影响中国乃至世界戏剧、电影、美术界的著名艺术家,同时学院还培养了西藏、内蒙等少数民族的第一代戏剧家,为推动中国的文化事业做出了重要贡献。

戏剧戏曲学是我院的主要学科,1999年起被列入上海市重点学科。博士、硕士研究生教育层次以戏剧戏曲学为二级学科,共有十余个研究方向。此外,硕士研究生教育层次还设有艺术学、广播电视艺术学。

学院设表演系、戏剧文学系、舞台美术系、导演系、电视艺术学院、公共教学部、戏曲学院、舞蹈学院、创意学院和继续教育学院;本科专业教育层次有表演、戏剧影视文学、戏剧影视美术设计、艺术设计、导演、广播电视编导、播音与主持艺术、舞蹈编导、文化事业管理等专业,涵盖话剧、戏曲、舞蹈等专业门类。中专层次的专业有芭蕾舞、中国舞、京剧表演、京剧音乐、昆剧音乐、越剧表演、沪剧表演、沪剧音乐、话剧影视表演、影视模特表演、舞台美术、木偶表演与制作等。

学院共有三个校区：本部位于华山路，电视艺术学院、舞蹈学院、戏曲学院及附属戏曲学校位于莲花路，附属舞蹈学校位于虹桥路。

位于华山路上的学院本部教学设施完善，实验剧院、黑匣子戏剧实验室、新实验空间与小剧场分别适合教学实习演出、实验戏剧排演。图书馆收藏的戏剧类图书丰富齐全，学生公寓、餐厅、健身房给学生提供了良好的生活条件。

莲花路校区目前是戏曲舞蹈分院与附属戏曲学校的所在地，拥有高规格的专业练功房和演出观摩厅，校园布局合理，设施配套齐全。

虹桥路上的附属舞蹈学校是在老一辈领导的关心支持下确立为现校址，校园内树木郁郁葱葱，环境幽静怡人，教学设施完备，教室宽敞明亮。

学院建立了广泛的国际联系，与美国、英国、澳大利亚等十余所学校、国际机构团体建立了校际交流和合作关系。经常聘请国际专家来院讲学、排戏，学院的专业教师也经常受聘到国外讲学访问，共有五十多国家地区学生来我院留学、研修。学院的演出团、教学小组也先后赴新加坡、日本、英国、意大利、德国、美国、韩国、比利时、罗马尼亚以及我国港澳台地区演出，交流教学实践。学院先后主办多次国际学术研讨会、国际莎士比亚戏剧节、国际小剧场戏剧节。

解放军艺术学院

解放军艺术学院创建于1960年，是中国人民解放军唯一的一所多学科、综合性高等艺术院校。学院设有文学、戏剧、音乐、舞蹈、文化管理、美术6个系19个专业。研究生、本科、中专三个学历层次，并开办军队干部任职教育培训和轮训，构成了学历教育与任职教育协调发展、互相促进的教育体系。学院把建设全军一流、国内有重大影响、国际上有较高知名度的综合性军队艺术院校作为发展目标定位，注重发挥全军文化艺术人才培养中心、军事文艺创作和研究重镇、为军委总部提供思想文化建设信息咨询基地的三大功能。学院坐落在高校林立、文化艺术氛围浓厚、高科技人才密集的北京市海淀区中关村。现任院长张继钢少将，政治委员李永龙大校。

坚持名家治校。学院历任院部系领导多数是享有盛誉的艺术名家、文学大家、教育专家和管理行家，是全国相关专业领域的领军人物。现任院部系领导和教研室主任大多数是学科带头人，在国内外享有很高声誉。院长张继钢少将2008年当选"中国八大文化人物"，2009年荣获"庆祝新中国成立60周年·中华之魂十大功勋人物"、"和谐中国·2009十大影响力人物"等称号。

坚持特色立校。学院的校训是"政治坚定、治学严谨、为兵服务、德艺双馨"，校风是"爱军、尚美、创新"。学院坚持为兵服务、为提高部队战斗力服务的办学宗旨，大力弘扬先进军事文化，唱响主旋律，当好排头兵。教学、科研和创作以军旅题材为主，形成了有鲜明军队特色的艺术教育体系。每年组织师生上边防、下海岛,深入基层部队写兵、演兵、唱兵、画兵,辅导文艺骨干,编排文艺节目,在为兵服务中汲取营养,促进和改进教学。坚持开放办学,有世界五大洲 20 多个国家的艺术家、教育家代表团(组)来院观摩、讲学。学院师生也应邀赴几十个国家访问交流,许多作品被国外翻译出版、收藏。

　　坚持人才兴校。学院注重建设学养深厚、造诣杰出的名师队伍,崇尚名师育英才。学院拥有学科带头人 11 名,在现职专家教授中,有中国美术家协会主席 1 名、中国音乐家协会主席 1 名、中国作家协会副主席 1 名、中国舞蹈家协会副主席 3 名,以及中国文联各协会理事、会员 100 余名,教授、副教授占教员总数的 53%,18 名专家教授享受政府特殊津贴。

　　坚持质量建校。学院坚持理论与实践相结合,教学与科研、创作相结合,培养了万余名军队文化艺术人才,其中一批人成为军地著名文学艺术家和文化管理专家。有千余人次、千余部(件)各类文艺作品荣获茅盾文学奖、鲁迅文学奖;电影金鸡奖、百花奖;电视金鹰奖、飞天奖;文华大奖、曹禺戏剧奖、梅花奖;全国歌曲、曲艺金奖;全国全军美展金、银、铜奖;"五个一工程"奖和解放军文艺奖等各类奖项。2009 年参加第九届全军文艺会演,荣获十四项一等奖。学院教学科研成果突出,出版了几十部文艺论著和各类作品集,文学系、戏剧系、音乐、舞蹈系分获全军教学成果一等奖。学院被誉为"军队作家、艺术家的摇篮"。

二、各艺术院校文化课录取分数线

2009 年中央戏剧学院本专科录取原则及分数线

　　本科专业考试合格考生,高考成绩总分及英语小分均须达到中央戏剧学院规定的录取分数线,按专业考试成绩从高分到低分择优录取。各专业文化课录取分数线如下:

专业(方向)	文科	理科	英语
表演(戏剧影视表演、音乐剧)	283	273	30
导演(戏剧影视导演、影视编导)	419	393	60
导演(演出制作)	414	388	60
戏剧影视文学(戏剧创作、电视剧创作)	435	425	60
戏剧学(戏剧史论与批评)	435	425	60
戏剧影视美术设计(舞台设计、舞台化装、舞台服装)	377	354	55
公共事业管理(影视制片管理)	398	373	60

　　新疆少数民族本科生(预科)文化课录取分数线为:

　　表演(戏剧影视表演)　283(不分文理)

　　戏剧影视美术设计(舞台设计、舞台绘景、舞台灯光)　310(不分文理)

　　高职(专科)专业考试合格考生,高考成绩需达到生源所在省艺术类专科文化课录取最低控制分数线,按我院专业考试成绩从高分到低分择优录取。本科兼报高职(专科)但未被本科录取的本科专业考试合格考生,参加高职(专科)批次录取时,专业排名在专业考试合格的高职(专科)考生之前。

2008年中央戏剧学院本科录取原则及分数线

本科专业考试合格考生,高考成绩总分及英语小分均需达到中央戏剧学院规定的录取分数线,按专业考试成绩从高分到低分择优录取。各专业文化课录取分数线如下:

专业(方向)	文科	理科	英语单科
表演(戏剧影视表演)	283	273	35
戏剧影视美术设计(舞台设计、舞台绘景、舞台灯光、电脑美术设计)	364	351	55
公共事业管理(影视制片管理)	384	371	60
导演(戏剧影视导演) 戏剧影视文学(戏剧创作、电视剧创作) 戏剧学(戏剧史论与批评) 导演(影视编导) 导演(演出制作)	404	390	60

注:本科各专业前三名文化课成绩总分可在分数线下20分录取,外语成绩不做要求。

2009年北京电影学院本科录取原则一览表

号	专业及方向		录取分数线		各方向具体录取要求
			文科	理科	
1	戏剧影视文学	电影剧作	综合成绩最终达到59.01		文化课成绩达到北京二批文科489分,理科线459分后,按专业成绩60%与文化课成绩40%综合成绩排名,择优录取。
		影视文化与传播	最终成绩达到506		文化课成绩排名,择优录取。
2	表演(表演)		275	275	文化课成绩达到北京地区艺术类理科录取分数线后,按专业成绩排名,择优录取。
3	摄影	电影摄影	293	275	文化课成绩达到我院划定的录取分数线后,按专业成绩排名,择优录取。
		多媒体影像创作	最终成绩:外省557分,北京地区517分		文化课成绩达到考生所在省本科一批线后(其中北京不少4名),按文化课成绩排名,择优录取。
4	录音艺术	录音艺术	489	459	文化课成绩达到北京市本科二批线后,按男、女生专业成绩排名,择优录取。
		音乐录音	489	459	文化课成绩达到北京市本科二批线后,按男、女生专业成绩排名,择优录取。

续表

号	专业及方向		录取分数线		各方向具体录取要求
			文科	理科	
5	戏剧影视美术设计	电影美术设计	385	385	文化课成绩达到我院划定的录取分数线后,按专业成绩排名,择优录取。
		电影特技	315	315	
		新媒体艺术	300	300	
		电影人物造型设计	300	300	
		影视广告导演	65.12	65.12	按文化成绩50%,专业成绩50%综合排序,择优录取。
6	公共事业管理	影视管理	最终成绩达到男472,女478		文化课成绩排名,择优录取。
		文化经纪人	最终成绩达到男418,女480		
7	摄影	图片摄影	最终成绩达到434		文化课成绩排名,择优录取。
		商业摄影	最终成绩达到366		文化课成绩排名,择优录取。
8	戏剧影视文学	影视媒体理论	最终成绩达到476		文化课成绩排名,择优录取。
9	动画	动画艺术	380	380	文化课成绩达到我院划定的录取分数线后,按专业成绩排名,择优录取。
		漫画	355	355	
		电脑动画	最终成绩达到468		文化课成绩排名,择优录取。
		游戏设计	最终成绩达到415		

2008年北京电影学院本科招生录取原则(分数线)

北京电影学院属于艺术类院校,面向全国招生,本科无分省计划。2008年3月份进行了专业招生考试,并确定了专业合格考生名单。合格考生涉及30个省份、自治区、直辖市。

6月份全国高考后,我院结合3月份的专业考试成绩和考生的高考文化成绩,根据招生简章的录取原则,对本科进行了拟录取。我院本科录取原则如下:

1. 戏剧影视文学专业(电影剧作方向)按考生参加全国普通高等学校招生考试中的文化课考试成绩(以下简称文化课考试成绩),达到北京市本科第二批录取理科分数线(不分文、理科)455分后,按专业考试成绩(60%)与文化课考试成绩(40%)综合排名。达到综合成绩为51.455分(不分文理)后,择优录取。

〔计算公式如下:总分(百分制)=考生文化课考试成绩÷750×100×0.4+考生专业考试成绩(百分制)×0.6〕。

2. 戏剧影视文学专业(影视文化与传播方向)按文化课考试成绩排名,择优录取。

3. 导演专业(剪辑方向)文化课考试成绩达到我院录取分数线文、理科均为430分后,按专业考试成绩排名,择优录取。

4. 表演专业文化课考试成绩达到我院录取分数线文、理科均为250分后,按专业考试成绩排名,择优录取。

5. 摄影专业(电影摄影方向)文化课考试成绩达到我院录取分数线文、理科均为400分后,按专业考试成绩排名,择优录取。

6. 摄影专业(多媒体影像创作方向)文化课考试成绩达到当年北京市本科第一批录取分数线文科515分,理科502分后,按文化课考试成绩排名,择优录取。

7. 录音艺术专业文化课考试成绩达到当年北京市本科第二批录取分数线文科472分、理科455分后,按专业考试成绩男、女生分别排名,择优录取。

8. 录音艺术专业(音乐录音方向)文化课考试成绩达到我院录取分数线男(不分文理)310分,女(不分文理)380分后,按专业考试成绩男、女生分别排名,择优录取。

9. 戏剧影视美术设计专业(电影美术设计方向)文化课考试成绩达到我院录取分数线文、理科均为350分后,按专业考试成绩排名,择优录取。

10. 戏剧影视美术设计专业(影视特技方向)文化课考试成绩达到我院录取分数线文、理科均为350分后,按专业考试成绩排名,择优录取。

11. 戏剧影视美术设计专业(影视广告导演方向)文化课考试成绩达到我院录取分数线文科283分、理科273分后,按专业考试成绩排名,择优录取。

12. 戏剧影视美术设计专业(影视虚拟空间设计方向)文化课考试成绩达到我院录取分数线文科283、理科273分后,按专业考试成绩排名,择优录取。

13. 公共事业管理专业(影视管理方向)按文化课考试成绩男、女生分别排名,择优录取。

14. 公共事业管理专业(文化经纪人方向)按文化课考试成绩男、女生分别排名,择优录取。

15. 戏剧影视文学专业(影视媒体理论方向)按文化课考试成绩排名,择优录取。

16. 摄影专业(图片摄影方向)按文化课考试成绩排名,择优录取。

17. 动画专业(动画艺术方向)文化课考试成绩达到我院录取分数线文科、理科均为370分后,按专业考试成绩排名,择优录取。

18. 动画专业(电脑动画方向)按文化课考试成绩排名,择优录取。

19. 动画专业(漫画方向)文化课考试成绩达到我院录取分数线文科、理科均为370分后,按专业考试成绩排名,择优录取。

本科考生必须参加国家规定的文化课所有科目的考试,进行德、智、体全面审核,凡有科目缺考者(无成绩或成绩为0分者均视为缺考),一律不予录取。

我院录取考生,依据各省报送考生所填报志愿为准。由于考生误报、漏报志愿等原因,造成无法被我院录取,责任由考生自负。

同等成绩下,优先照顾边疆、山区、牧区、少数民族聚居地区和西部省份的考生和归侨、华侨以及台湾省籍考生,荣立二等功以上的退役军人、烈士子女、有特殊贡献的优秀青年。

北京电影学院
2008 年 7 月

上海戏剧学院 2009 年本科招生文化录取最低分数线

2009 年本科招生文化录取最低分数线					
专业	上海卷		全国卷		英语
	文科	理科	文科	理科	
表演(戏剧影视)	313		271	328	
表演(云南定向)			263		
表演(内蒙委培)			266	328	
表演(少数民族预科)			277	390	
导演(戏剧影视)			397	430	73
戏剧影视文学	370		450	460	75
广播电视编导		415	453	472	84
播音与主持艺术	374		381	440	67
戏剧影视美术设计(舞台设计)	313		373	416	70
戏剧影视美术设计(灯光设计)	339	436	407	465	63
戏剧影视美术设计(服装与化妆设计)	249	342	313		64
媒体创意	374		419	429	87
表演(戏曲表演)			208		
表演(戏曲音乐——京剧器乐、民乐)	285		210		
表演(布袋木偶)	190		215	345	
表演(木偶表演与造型)	240		250	348	
导演(戏曲导演)	234		230		
表演(戏曲音乐剧)	198		204		
作曲与作曲技术理论			300	343	
公共事业管理(群众文化管理)	261		321	413	
公共事业管理(艺术展示管理——听觉艺术展示)	373	380	326		
表演(舞蹈表演——古典舞)	177		178		
表演(舞蹈表演——民间舞)	178		168		
表演(舞蹈表演——芭蕾)	135		245		
表演(舞蹈表演——国标舞)	184		230		
表演(舞蹈音乐)			322		

中国戏曲学院 2009 年各专业文化录取分数线

专业代码	专业名称	专业方向	层次	文化总分（含文、理）	语文小分	外语小分
050401	音乐学	音乐学	本科	372		
050402	作曲与作曲技术理论	戏曲作曲	本科	271		
		音乐制作	本科	325		
050403	音乐表演	京剧、豫剧器乐	本科	216		
		民族器乐	本科	283		
		音乐教育	本科	305		
050408	艺术设计	空间艺术设计	本科	380		55
		网络艺术设计	本科	380		55
050412	表演	京昆表演	本科	215		
		戏曲形体教育	本科	200		
		舞蹈表演	本科	200		
		豫剧表演	本科	194		
		影视表演	本科	265		
050413	导演	戏曲导演	本科	255		
		戏曲影视导演	本科	414		
050414	戏剧影视文学	戏曲文学	本科	445	100	
		国际文化交流	本科	504		118
050415	戏剧影视美术设计	戏曲舞台设计	本科	406		
		舞台灯光设计	本科	444		
		戏曲服装设计	本科	388		
		化妆造型设计	本科	387		
050417	录音艺术	音响艺术设计	本科	338		55
050418	动画	动画设计	本科	365		55
		数码影像设计	本科	365		55

2009 年中国传媒大学表演专业各省最低录取分数

地区		文科线	理科线	全国招生人数
北京	男	300		
	女	329	310	
山东	男	335	330	
	女	369	363	
河南	男	311	319	
	女	342	351	男生：25
四川	男	304	300	女生：25
	女	334	308	
黑龙江	男	303	300	
	女	333	329	
湖北	男	291	304	
	女	321	334	
山西	男	308	308	
	女	339	339	

注：其他详细资料还可参见中国传媒大学网站

三、应试流程全程讲解

明确考试流程是考生在报考艺术院校前必做的准备，只有清楚了解了考试的整个流程，才不会让自己在准备考试时茫然失措。

应试流程：

明确报名条件——选择报名院校和考点——参加艺术类全省专业统考（考生须看所报专业是否涉及省级统考，如没有就无须参加统考）——参加艺术院校校考（表演三试）——专业考试通过，取得文化课考试通知单——高考填报志愿，填报艺术类所选报的艺术院校——备战高考——录取

注意：专业统考的要求各省不一样，考生必须得弄清楚当地教育部门的政策规定。

特别提示：

按教育部教学厅〔2008〕14 号文件规定，2009 年艺术类专业考试分为省级招办统一组织的专业考试和招生院校组织的专业考试两种形式。

关键词解读：省考与校考

什么是省级统考？教育部颁发的《2009 年普通高等学校艺术类专业招生办法》中要求，从 2009 年起，全国各省（区、市）均应为本行政区域内报考美术类专业的考生组织省级统一考试，有条件的省市还应组织其他艺术类专业的省级统考。省级统考须在 2009

年1月1日后进行,1月31日前完成。考生只有达到省级统考专业合格线,才能参加这些高校艺术类专业的校考、投档和录取。

什么是校考？省级统考涉及到的专业成绩,高校可直接使用或在此基础上组织校考；未涉及到的专业,由学校组织校考。

教育部规定,凡生源所在地省级统考涉及到的专业,民办高校、独立学院的艺术类本科专业及所有高校的艺术类高职(专科)专业(中央戏剧学院、北京电影学院艺术类高职专业除外)均应直接使用省级统考成绩,学校不再组织校考。其他艺术类本科专业可直接使用省级统考成绩,也可在省级统考合格考生范围内组织校考。

1. 及时掌握各艺术院校招生信息

与普通高校的不同,艺术类高校是提前招生。所以如果艺术专业考生专业考试没通过,还有一次报考普通院校的机会。各艺术院校一般是在12月中旬左右开始陆续出版当年的招生简章并在各院校的网站上公布。因此凡当年有志于报考表演专业的考生在12月中旬一定要密切关注你想报考的艺术院校的网站,搜寻当年的招生简章,并认真仔细阅读。如对招生简章有疑问,当地考生可以在工作时间前往各院校的招生办公室进行咨询,外地考生需要打电话至各院校的招生办公室进行咨询。

考生一定要将报考条件,资格与考试内容看懂弄清。切忌在不清楚状况的情况下自己想当然,以免影响后续的报考过程及应试过程。另外笔者还建议那些不是当年报考表演专业的并有志于在明年或后年要报考的考生,在每年的12月中旬也关注一下你以后想要报考的院校的招生简章,以便提前进行资料收集与考前的应试准备。

2. 报考艺术类高校表演专业的条件与资格

(1)拥护四项基本原则,热爱祖国,遵纪守法；具有高中毕业文化程度或同等学历；身体健康,除符合《普通高等学校招生体检标准(修订)》外,无口吃,无色盲、色弱。报考表演专业的考生,男身高不低于170cm,女身高不低于160cm,年龄在22周岁以下的未婚青年可以报考表演专业。2006年,北京电影学院、中央戏剧学院的招生已不再限制年龄。

(2)面向全国应、往届高中生和社会青年招生,但必须具备高中毕业文化程度,具备参加当年全国高等学校统一资格考试。已经获得学士或学士以上学位的非在校生也可以报考,但必须参加当年的全国高考。现役军人经大军区政治部批准可以报考。华侨、港澳台青年符合上述条件者可以报考。详细规定见各院校当年招生简章。

(3)考生要密切注意,各院校对身体条件有不同的要求：

比如北京电影学院表演专业要求听力正常,无色盲、色弱,双目视力在4.8(经佩戴隐形眼镜矫正,新视力表)。男身高不低于1.70米,女身高不低于1.60米。中国传媒大学表演专业要求男身高不低于1.65米,女身高不低于1.60米。无色盲、色弱,双目视力在

4.8以上(经佩戴隐形眼镜矫正,新视力表)等。

关于身高的规定,一些院校已开始突破,比如2006年中戏的招生简章规定,该校对报名者的身高不再限制,"男生1.75米以上,女生1.62米以上"这个门槛被取消了。中戏表演系有关负责人表示,学校更看重考生的实力,不希望部分特别优秀的考生被这个门槛挡在艺术大门之外。

(4)下列人员不得报考:
①国家承认学历的高等学校在校生;
②应届毕业生之外的高级中等教育学校学生;
③因触犯刑律而被追诉或正在服刑者;
④被高等学校开除学籍或勒令退学不满一年者。

3. 选择适合自己的学校

(1)准确掌握有关信息

考生要了解全国有多少所设有表演专业本科(四年制)、高职、专科(二年制)的院校,以及当年是否招生。考生一定要从中选择适合自己报考的院校,并掌握当年度哪些院校招生,是招本科生,还是兼招专科生、高职生。

(2)选择院校要知己知彼,首先要根据自己的情况选择自己适合报考的院校

报名不当有时会让你错失良机。在众多的艺术院校中,哪些院校你想报考,及适合你报考,并了解其专业相应的办学条件如何。无论在师资、教学、生源及毕业生走向等各方面的情况,都要做到心中有数。在选择时还要根据自己的专业实力水平和学科成绩给自己一个相对准确的定位,选择那些适合自己或跟自己实力相当的院校。如果定高了,仅报北京电影学院、中央戏剧学院等一级学校的本科,竞争激烈,容易落选;定低了又会后悔。总之要根据自己的实际情况,选择一所或多所适合自己的院校。

好在很多重点院校都是本科、高职同时招生,并允许考生同时报考。因此,没有绝对把握,不要仅报本科而不兼报专科;也不要仅报一所院校,可以兼报二到三所考试时间错开的院校。由于艺术院校的考试不是死题死分,不像高考试卷有标准答案,不同主考的标准也不尽相同,考生在不同院校遇到的命题也不相仿,所以出现"东方不亮西方亮,黑了南方有北方"的情况也很正常。或者也可以选择报一两所重点院校,再报一两所一般院校。专业条件不是很好的考生,最好也试着报考本地一般的艺术院校,这样录取的几率会高些。

4. 如何填写报名表及报考志愿

(1)传递好对自己有利的一切信息

每一位考生都必须重视报名表,填写时最好传递出对自己有利的一切信息。因为这是考官了解你的第一道窗口,所以考生一定要填好必要的关键性信息,特别是与表演专

业考试密切相关的信息、特长、爱好、艺术经历、获奖情况等,字迹、内容要清晰、准确。另外要特别重视一寸照片。一般考官在未见你本人时,会在翻阅报名表时先关注你照片上的形象。这可能就是考官对你的第一印象。因此这张照片一定要拍好,让照片能够真实反映出你本人的准确形象与气质。

在过去的考试中,总有考生忽视这一点,贴在报名表上的照片甚至是几年前拍的。但也有考生过于花费心机,利用电脑作图软件将自己的照片一修再修,最终导致照片与本人形象相差甚远,甚至判若两人。

显然以上两种做法都非常不合适。报名表上的照片不仅是考官对你的第一印象,实际上还是激起考官脑海记忆的最好依据。考官一天要面对成百上千的考生,肯定无法对每个考生都有记忆。如果通过翻阅报名表上的照片,还能够让考官回忆起你在考场上的表现,那可见这一张小小的一寸照片有多重要了。

(2) 填写报名表尽可能详细

考生在填写报名表的时候,一定要将每一栏都尽可能地填写详细,以便尽可能地反映出你个人的具体情况。千万别忽视这一张看似简单的报名表,它所起到的作用是非常不简单的。有经验的考官通过这张报名表就能获取考生身上的很多信息,从而对该考生的成长以及家庭环境和学习经历有一个初步的判定。需要强调的是,联系地址和电话必须填写准确,如有变动应及时通知学校,避免有问题时学校联系不上考生。

(3) 可以兼报其他专业

除了报考表演专业,如果你同时还具有其他专业才能,也可以在考试时间不冲突的情况下,兼报其他专业。如有美术才能可兼报美术专业,有写作才能可兼报剧作专业,有音乐才能可兼报录音专业。只要考试时间不冲突,都可以兼报。到时有几个专业通过三试就发几个专业的文化课考试通知。在最终填报志愿时,考生按自己把握性最大的专业依次填报。

(4) 外地考生一定要在当地办理好报考艺术专业考试手续

外地考生特别要注意本地招办有关艺术类招生考试的各种规定。目前全国大多教育招办要求考生,无论参加省内省外艺术院校专业考试,均需出示生源所在地的报考证方可参加专业报名考试。根据以往考试情况,特别提醒考生在报考时,一定要在当地高招办办理报考艺术专业考试手续,即持有艺术加试证,否则就意味着在当地没有报上艺术类考试,也就无法参加艺术院校的专业考试。

5. 如何完成报名手续取得准考证

艺术类高校表演专业考试的报名,必须由本人携带好报名资料到报考院校所在地或指定考点报名,也可以进行网络报名,很多学校网络报名需要现场确认,一般不接受函报或代报。

(1) 准备照片:考生本人近期一寸正面免冠同底片照片。一般报考一个专业需要四张照片,准考证和报名表都需要贴照片,个别高校在复试时还需提交照片。

（2）准备相关材料：准备身份证（或户口本）原件及复印件，所在省（市）发的艺术类报考证原件。（普通中学的学生在当地教委开报考证；现役军人及军队文职干部经大军区级政治部批准）如你要考多个院校就要多备几份。另外考生如果参加了艺术类省级统考，还要出示省级统考合格证原件及复印件。

（3）准备介绍信：在校生介绍信上须写有姓名、性别、出生年月日、学历状况（应届高中毕业生），个别省市的生源所在地报考证尚未发到考生手里，须在介绍信中将已有的生源所在地的报考号写明。（介绍信须由考生档案所在学校、单位、街道办事处、人才交流中心、乡政府开具。考生家长工作单位的介绍信无效，考生临时学习、工作单位的介绍信无效，居委会介绍信无效）非在校生介绍信上除以上内容，还应写清学历状况（高中何时、何地毕业），就业情况。

（4）办理报名手续：带齐以上所有材料于规定的时间内，到报名处办理现场报名、交验材料及交费手续（一般初试都是100元）。

（5）准备胶水和笔：学校虽然会给提供，但是因为报名人数很多，提供的工具有限，因此考生最好自行备上这些小东西，可以方便使用和节约时间。

6. 到表演专业去约考时的注意事项

很多考生与家长错误地认为填完报名表、交完报名费、拿到准考证后就完成了报名手续，可以直接参加考试了。其实还有一个很重要环节就是约考。

约考就是拿着你的报名收费凭条、填写好的报名表，以及准考证，去你所报考专业的院系确定考试的具体时间和地点。

这主要是因为报名考试的人数很多。各院校的专业课考试通常是分成多个考场多组次进行的。所以学校会根据考生约考的顺序，将考生分组，每组考试时间约1小时左右。这里要提醒大家的是，在专业考试约考地点往往会有考官在现场值班办理约考手续。因此约考地点往往成为了考生本人与考官第一次见面的场所。

在历年办理约考手续的过程当中，都有一些考生给考官留下过不好的印象，如大声喧哗，不排队按次序办理手续，在咨询问题的时候不懂得使用文明礼貌用语等。所以考生约考时一定要注意自己的行为举止，以便给考官留下良好的印象。

另外每年都会有些考生过于强调个人理由要求更改考试时间，但因为每年艺术专业报考人数都很多，工作人员在要有限的时间内把每一个考生的考试顺序、考试场次、考试地点及考试时间都安排好，所以考生应尽量服从学校安排。

7. 表演三试考试内容

初试：

  自我介绍（简明扼要）

  朗诵（自选散文、小说片段、诗歌或寓言一篇，时间限在3分钟内）

命题表演

复试：

朗诵（自选散文、小说片段、诗歌或寓言一篇）

声乐（自选无伴奏歌曲一首）

命题表演

三试：

朗诵（自选散文、小说片段、诗歌或寓言一篇，与主考官教师测试相结合）

声乐（自选歌曲，与主考教师测试相结合）

形体和命题表演

才艺展示（针对部分具有才艺的考生）

口试（综合素质）及心理问卷

注：以上考试内容各院校只有很小的差别。

8. 表演三试考试内容简要说明

(1) 初试

自我介绍：要求简明扼要，将自己的个人基本情况介绍给考官。介绍内容包括准考证号码、姓名、年龄、身高，来自于哪个地区和城市，之前的就读或就业情况。

朗诵：考生自备一段诗歌、散文、故事、寓言或者话剧、电影中的一段独白。通过考试，考查学生吐字、发声、语言及嗓音等方面的条件与素质，还包括对朗诵作品的理解、感受、想象和表现的能力。

命题表演：一般为6~8或8~10人一组的命题集体小品。考官当场命题。准备时间一般为10分钟。主要考查学生在舞台上能否松弛自如地在特定的情境中组织行为动作。命题一般以地点环境的命题练习为主。由于考场条件有限，表演时可以采用无实物的虚拟动作。

(2) 复试

朗诵：考官的评判标准比一试要严格。考生可以用一试朗诵通过的作品，也可以选择难度更大，或展示考生另一面特质的新作品。考官在复试中着重考查考生对作品思想内容的理解能力，对作品意境和人物形象的感受能力、表现能力。

声乐：要求无伴奏的清唱，进一步考查学生的声音、节奏、乐感，同时包括对歌曲的理解及表达。

命题表演：一般仍为多人命题集体小品，命题难度较一试有所增加。考官在命题中往往会强化规定情景，设置一定的矛盾冲突。除此之外，考官还会出一些即兴表演的题目，让考生在现场一个个分别表演。

(3) 三试

朗诵：不以朗诵自备稿件为主，考官会根据考生初复试情况，结合考生在语言和声音上的问题让考生朗诵指定材料,一般准备时间为5分钟,之后让考生进行即兴朗诵或即兴演讲。以此来考查考生不经辅导、不经准备的台词能力,包括理解能力、想象力与表现力。

即兴考查类型如下:

①正音练习:针对一些考生的地方口音z、c、s和zh、ch、sh不分,或者n、l不分,或者字不正、腔不圆的情况,当场给出一段相关练习,如一篇短文或者一段绕口令,让考生朗诵。

②感觉练习:有些考生由于方言习惯,容易读错一些字音。如果考生一经示范便能听出正误,还可当即改正,就算过关。但对那些听不出正误,或者听出正误又无法纠正错误的考生来讲,这一关是一个不小的考验。

③即兴练习:考官当场给考生指定诗歌、散文、故事、独白等小片段的朗诵材料,考生稍做准备当场朗诵,以此考查考生各方面的真实情况。

④强弱声练习:考官要求考生通过改变音量,模拟对十个人讲话,对一百人讲话,对上千人讲话。或者让考生模拟叫二楼的人,叫三楼的人,叫十楼的人,通过音量的改变,考查考生声音的张力。

声乐:

①自备歌曲的演唱,了解考生的音质、音准、乐感、节奏等。

②节奏模仿。

③音阶琶音练习:考生跟着老师弹奏的钢琴音阶进行音阶琶音练习。

④模唱:老师在钢琴上弹奏出一首短曲两遍,考生在很短时间里正确记忆下来,然后进行模唱。

⑤即兴练习:根据考生具体情况,老师即兴出题,了解考生音乐方面的情况。

形体:

自备形体作品的展示。考官主要看考生身体的灵活协调和模仿能力,身体各个部分比例以及肌肉能力、肢体的灵活性、动作的表现能力与形体的可塑性。

主考老师测试内容如下:

①基本形态和基本条件的考查:通过正常的站立、下蹲、踢腿、下腰、跳跃等基本动作,看考生的基本形态是否端正,有无生理缺陷,身体是否具有基本的柔韧性与协调性。

②一般造型练习:要求考生听击掌号令,每拍一掌做一个造型,再听见掌声即刻改变造型,令行禁止,反应要快,造型姿态不能重复也不能近似。

③模仿动作练习:考官做一些上肢、下肢、头部、腰部的单项组合动作,要求考生立即模仿。

④综合练习:要求考生通过对不同的音乐旋律、节奏的感受,展开想象,即兴做动作。考查考生的感受能力、想象能力、肢体的表现能力和形体的基本素质。

表演：

对表演的考查,是三试之中的重中之重。即兴表演题多种多样。一般初复试多是集体小品练习,以此考查考生的表演想象力及形象塑造能力。集体练习便于考官对众多考生进行比较、甄别。

为了更细腻了解考生的表演素质。三试的命题表演则一般以双人小品为主,在表演的难度和深度上都要比前两试要求严格得多。而且考官的命题,主要是根据前两试中考生在表演中暴露出来的薄弱环节或有待于开发的潜质,经过深思熟虑而设置的。

才艺展示：

必须是一种特长的才能展示,才艺指的是能够进入相关专业艺术领域,省艺校以上水准。

口试：

通过口试可以了解考生家庭成长背景,了解考生的基本修养与素质,考生的性格,考生的人生观、价值观。

9. 文化课考试通知单

(1)《文化考试通知单》的发放

参加本、专科专业考试的考生经过三试筛选后,招生学校对参加专业考试的考生,按照学校招生计划数量的3至5倍,发给考生《文化考试通知单》。并会将专业考试合格的考生名单及专业考试成绩(各科成绩及总分)报各省市高校招生办公室,同时将专业考试成绩通知考生本人。专业考试一般在3月底会陆续结束,4月15日左右的时候学校会将专业考试合格证寄送(发)到考生本人。与此同时,各院校对考生进行政治思想品德调查。

(2)完成文化课的考试报名

考生执文化课考试通知单,待业青年到户口所在地街道报名,应届高中毕业生到自己所在中学报名,在职人员在单位所在区或街道招生办报名,参加全国高校文史类、理工类统考。文化考试的报名由各省(直辖市)、自治区全国高校招生办公室负责组织。专业考试合格的考生凭报考院校所发的《文化考试通知单》参加文化考试的报名与考试。考生必须在户口所在地参加普通高校招生统一考试。

(3)文化课考试科目

凡参加艺术院校专业考试并领取《文化考试通知单》的考生,都必须参加普通高等学校招生文史类或理工类全国统一考试。文史类考试科目为:语文、数学、外语、文科综合,其中文科综合满分300分,其余各科满分均为150分,数学成绩在录取时一般不计入总分,仅作参考(有些院校的部分专业,数学成绩在录取时计入总分,院校会在招生简章中注明);理工类考试科目为:语文、数学、外语、理科综合,其中理科综合满分为300分,其余各科满分均为150分,数学成绩录取时计入总分。

(4)报考中央戏剧学院、上海戏剧学院各专业和北京电影学院表演专业的北京、上海两市的应届普通高中毕业生,经参加本市普通高中会考的几科考试,成绩合格并达到规定要求者,试行只参加这三所院校专业考试的办法。

(5)2006年起各院校不再招收推荐免试生,数学成绩将计入到文化课考试总分。

10. 填报高考志愿

(1)考生于5月15、16日填报志愿,填写"普通高等学校招生志愿表"和填涂"志愿信息卡"。考生必须在自己已通过专业考试且成绩合格的学校中选报艺术院校志愿,未收到《文化课考试通知单》的考生不得填报艺术院校志愿。

考生须将所选报的艺术学校、专业(高职班除外)填涂在"志愿信息卡的"的"提前录取院校"栏目内,艺术类高职班各专业应填写在"艺术类高职"栏目内。须将所报考院校、专业的代码填写正确。要详细了解学校历年招生情况及当年招生政策。

(2)填报时不能根据自己理想的心愿,必须结合自己的专业考试成绩、文化课成绩及有关情况,慎重而仔细地填报高考志愿,特别是同一层次第一志愿,力争考取报考的第一志愿。

(3)艺术院校一般是提前录取,不会影响考生所报考的其他普通高等学校的录取(艺术院校录取时间一般为7月上旬)。艺术文史类考生可以兼报文史类其他专业,艺术理工类考生可以兼报理工类其他专业(注:报考提前录取的艺术院校的考生不得兼报提前录取的非艺术类院校及专业)。

(4)考生应将所报志愿学校的《文化考试通知单》在填报志愿时连同"志愿表"和"志愿信息卡"一并上交。各区、县高校招生办公室将考生的《文化考试通知单》装入本人档案。市高校招生办公室将艺术志愿信息与艺术院校报送的专业考试合格名单进行核对,并将考生志愿情况明细表汇总后寄至考生所报志愿的学校。

11. 备战高考策略和技巧

考生在进行专业课考试的时候,也应进行文化课的复习与辅导。只有通过文化课最低分数线,达到专业课考试要求后才能取得最后的录取通知书。进行文化课的复习,必要时可选择适合自己的高考补习班跟班学习。艺术类院校文化课的录取相对其他院校会有一些差距。因此,复习应该注重一定的策略和技巧。

(1)认真对待文化课考试

艺术类考生应该拿出对待专业课考试的时间、精力和方法去认真对待文化课考试。特别是文化课比较薄弱的考生,应认识,并敢于面对自己的不足,有针对性地做准备。文化课复习时间应比普通考生长,应提前至专业考试前,否则文化课成绩会很难达到要求。

(2)要有自信心,相信自己的潜能,要从心理上首先战胜文化课考试一些考生自小就学习文艺,文化课基础较差,这些考生因此会觉得文化课考试压力很大。然而,一般表演专业的文化课分数线都比较低,因此考生只要不放弃,就有成功的机会。

另外多数艺术类考生文化课基础都比较薄弱,所以大多数人是处在同一起跑线上的。加之国家对文艺类考生,特别是表演专业的考生的分数线有特殊的照顾。因此考生应从宏观上、心理上认识到,达到最低分数线不是很难的。考生只要用心、执著、勤奋、得法,文化课考试通过并非难事。

(3)调整备考心理,稳定考试前的心态

高考除了需要你具备一定的知识储备和相应的考试能力和考试技巧外,心理调节的能力在高考中也同样能起到相当大的作用。

(4)对于文化课成绩较薄弱的考生,学习效率很关键

一般领到高考准考证离高考仅有不到90天的学习时间。所以考生一是要尽量提前文化课复习时间,二是学习效率要提高,三是学习一定要抓重点。

高考一般会涉及到数学、语文、英语、文综(理综)这几门课。如果考生想要在90天内让所有课程都达到比较好的成绩是不太可能的。所以要尽可能地发挥出自己的强项,或者选择那些容易出成绩的科目做重点复习对象,合理安排自己的复习时间。比如文综包括历史、政治、地理,应该说政治在这几科里面相对容易一些,地理比较难,所以不妨多安排一些时间在政治课的复习上,通过合理安排时间,力争达到文化课分数要求。

(5)重视文化课中的基础题

基础题约占高考卷面的2/3,也就是说750满分的话,有450分是基础题。所以考生在复习时一定要以复习基础题为主,偏题、怪题、歪题尽量不做。

(6)重视语文考试中的作文训练

语文考试主要由语基、阅读、作文三部分组成。其中比较容易得分的是作文,因为作文只要流利通畅,符合题意,没跑题,同学们应该就能拿到大部分的分。

(7)数学和英语考试

2006年首次把数学计入总分,这让许多考生在心理上有了一种畏难情绪。不过事实是所有艺术类考生都会面临相同的问题。数学和英语考试,考生还是应注重基础题。另外英语作文的写作是有一定套路可循的,所以考生在考前可多记一些写作模式和常用句式。

(8)做题顺序

考试的时候注意先回答自己会做和感觉容易的题目。做完之后,先检查自己会做的部分,尽量让自己会做的部分一分不丢。考试中对于那些似是而非的题,考生要尽量多思考,因为这是第二块主要得分的内容,做完这些也要及时检查。对于那些完全不会的题,就不要管它,因为做也是浪费时间。

(9) 其他考试技巧

卷面一定要工整,尽量用黑色签字笔来答卷,因为白纸黑字会很清晰。另外答题卡上,考生考号、姓名一定要按要求填写。考前一定要做一下模拟测试,根据模拟测试的实践经验来认清自己的优缺点,从而更好地为考试做准备。

(10) 根据自己的实际情况安排复习计划

艺术类考生专业课结束后,马上面临的就是文化课的考试。很多考生会选择进入普高高三进行插班学习,但其实这样的做法不一定适合每个人。因为艺术类考生在准备专业课考试时会耽误文化课的复习,所以在进度上肯定与非艺术类考生不完全一致,因此艺术考生最好根据自己的实际情况来安排复习计划和选择学习资料。

(11) 学习计划上的时间调整

大概 5 月初的时候,复习上要加大力度。5 月底的时候,就要开始冲刺了。不过到 6 月 4 日左右,考生又该放缓脚步了。因为再过几天就考试了,所以调整好自己的身体状态、心情和心理状态以及生物钟是最重要的。考试前几天可以适当放松一下自己,然后以最佳状态迎接 6 月 7 日、8 日的高考。

(12) 正确认识考前模拟考试的意义

学生进入高考复习阶段的时候,学校肯定会组织几次模拟考试,有些学校甚至还有周考和月考。这个时候,考生一定不要过分看重每次考试的成绩,最该做的是去总结分析每次考试的成败得失,关注成绩背后自己存在的问题。

(13) 考前家长注意事项

① 给孩子创造良好的学习环境

考前这段时间很关键,所以一些爱玩的家长千万不要在家中玩麻将、喝酒、聚会等,争取能给孩子创造一个安逸的学习环境。

② 切忌给孩子太多压力

切忌盲目攀比。望子成龙、望女成凤的家长,有时往往会因此给孩子造成很大压力。

③ 帮助孩子正确认识考试

有些家长很喜欢用物质奖励来激励学习和考试。可是对于孩子来讲,学习最终是为了自己,而不是为了任何物质上的刺激,家长应尽可能帮助孩子正确认识学习和考试的目的。

④ 督促孩子张弛有度地学习

不要太依赖补品,应督促孩子张弛有度地学习。安排好孩子的作息时间,特别紧张的时候让孩子用运动和听音乐来调节自己的大脑。

⑤ 与班主任老师多沟通

家长要和班主任多联系、沟通,时时掌握孩子在校学习情况。

12. 录取工作的完成

市高校招生办公室将报考参加提前录取的艺术院校考生的高考成绩、本市艺术类各专业文化考试最低控制分数线通过电传通知各考生所报第一志愿学校。招生学校在接收到考生的信息后进行预录取,一般录取新生名单会通过计算机网络或电话通知高校招生办公室录取现场办理手续。

四、决胜考场之外的温馨提示

1. 如何分析整理所获得的报考信息

全国设有表演专业的高校至少有几十所,在获得了各院校的报考信息后每个考生必须根据自己的实际情况来对这些信息做出分析整理。

首先要仔细阅读想报考院校的招生简章,了解院校报考条件与资格,了解考试流程及基本形式。所有艺术类院校表演专业的招生条件与考试内容大同小异,但仍有许多细节是不同的,这些必须引起考生的注意。

其次要对报考院校进行全面了解,不能只局限于对招生简章的关注,最好能通过该学校网站对学校进行全面了解。如果居住地离报考院校较近,不妨亲自去那所学校看看,亲身体验一下学校的氛围,从而对学校能做出更清醒的判断。

2. 如何根据考生本人的实际情况来制定一个科学、合理、有效的应试备考计划

(1)你属于哪一类考生?

掌握了各学校的报考信息后,不同的考生必须根据自己个人的实际情况来制定备考计划。考生大致可以分为以下两大类:①没有接受过艺术专业训练的普通中学学生②艺术类中专艺校学习过表演专业的学生或是学习其他艺术专业的学生。

(2)未接受过艺术专业训练的学生如何准备考试?

表演专业的专业课考试,不是"临时抱佛脚"进行短期的强化突击训练就可以应对的。因此对那些没有接受过艺术专业训练的考生,需越早准备越好。如果你同时还在进行着普通高中的学业,那么如何合理安排自己的学习时间就很重要。在保证高中学业正常进行的情况下,要拿出大量的时间进行表演专业的声、台、形、表四门专业课的学习。

如果时间允许,建议考生可以参加专业的表演培训班或请专业教师进行单人辅导。考生应对辅导老师说明辅导的目的,与辅导老师共同商量出针对你本人情况的考试辅导计划。尤其是那些没有任何基础的学生,更应该制定出一个长期科学的辅导训练计划,由基础训练开始循序渐进地练习,直到临考前再做直接针对考试的辅导训练。切忌在辅导训练过程中一味针对表演进行训练。

在近几年的表演考试中曾出现过这样的现象:考生朗诵雷同的材料,演唱雷同的歌曲,表演雷同的舞蹈,更惊人的是就连他们的发声用气方法,对作品的情感表达都是从一个模子中刻出来的。显然这样的现象大大淹没了考生本人个性的发挥。艺术没有标准化,不是讲共性,需要的是特点鲜明的个性。所以表演专业的辅导不能千篇一律。考生应该要求辅导老师根据自己的具体情况制定辅导计划。备考作品的选择一定要慎重,选择那些可以体现出自己个性特征,能够扬长避短的作品。

(3)艺术类中专和艺校表演专业的学生如何准备考试?

对于那些已经在艺术类中专、艺校学习过表演专业的考生,当获知了各艺术高校表演专业的报考信息后,首先应该去请教你的专业课老师。让老师针对你个人情况进行个案分析,看你到底是否适合报考表演专业,适合报考哪所学校,你的专业课水平处于一个什么样的状况,报考的优势和劣势是什么等等。

就笔者多年做表演专业考官的经验,笔者发现并不是所有就读过表演专业中专或艺校的考生都适合报考艺术类高校表演专业。所以考生一定要对自己有一个清醒的判断,然后再有计划性地安排自己的学习计划。

(4)艺术类中专和艺校非表演专业的学生如何准备考试?

对于那些在艺术类中专或艺校学习其他专业而非表演专业的学生,在获得了各艺术高校表演专业报考信息后,最好能找一位表演专业老师针对你个人情况做出理性分析,确定你是否适合报考表演专业。在老师为你制定应试备考计划的时候,一定要让老师告诉你现在所学艺术专业与表演专业的异同。

艺术是具有相通性的,在考试中如何利用你现在已经具备的艺术技能去弥补你在表演方面的欠缺很重要。所以一定要请教有表演教学经验的老师来帮你共同制定一个切合实际的学习计划。

(5)形体与声乐辅导的建议

这里需要重点提醒各位考生的是,在制定形体与声乐方面的辅导计划时,你一定要向你的辅导老师说明你所要报考的是表演专业。表演专业考试对形体与声音的要求是有别于专业音乐学院与舞蹈学院的,所以切莫按训练声乐与舞蹈专业学生那样的标准来进行训练,而是要根据表演专业的要求来准备考试。

(6)慎重选择考前辅导班

现在社会上打着表演专业考前辅导旗号办的辅导班很多,其中不免鱼龙混杂。所以希望广大考生在报名参加的时候一定要小心谨慎考虑。根据自己个人情况进行选择,不要盲目参加,以免在专业学习上误入歧途并浪费大量宝贵学习时间。

3. 考生的身理准备

作为一个备考表演专业的考生,必须提前做好身理方面的准备。尤其是那些普通中学的高中生,如果你从高一或高二就已经确立了一年或两年后要报考表演专业的志向,那么就要尽早地做好考前的身理准备,合理地安排好文化课学习的时间与考前专业课准备学习的时间。

由于你报考大学的志向与你身边的其他同学不同,那么你就要为了自己的这个志向付出比别人更多的工夫,别人在玩的时候你可能要练功,练唱,构思小品。

(1) 保持好的身材

保持好的身材,这对于一个演员来说非常重要。因为在表演专业的考试中,这是一个基本的评判标准,不排斥各个学校表演专业每年会招一两个身型偏胖的男女同学。但大部分考官都希望招到身材匀称,比例正常的学生。因此积极参加体育运动,合理每餐膳食对考生来说就显得比较重要。

因为在表演专业考试中,形体考试需要对考生身体的柔韧性、协调性、爆发力等作考查。而这些技能的掌握都是"冰冻三尺非一日之寒"的。所以希望考生能尽早有意识地进行这些方面的科学训练,利用点滴时间,坚持不懈地进行练习,如每天早晨、课间休息、晚课结束后。只有这样才能达到塑造好身形的训练目的。

(2) 语言的训练

声音方面的训练与形体的训练是一样的,都不是一日之功,越早进入练习,就越能为日后的考试赢得多一分的自信与把握。尤其是那些处于方言区域的考生,要改变自己十几年养成的语言习惯并非易事,所以对口音的纠正,都得从日常生活的点滴做起,要通过长期不懈、有意识地克服才行。

4. 报考表演专业并不是走入大学的捷径

报考艺术类专业需要把兴趣爱好同将来的工作结合起来。一些考生在考前估计自己的文化课成绩大概只能上艺术类院校的线,就选择了报考文化课录取分数线较低的艺术院校,想通过这样的捷径进入大学,这样"撞大运"的想法显然非常不合适。相关负责人表示,"学习不好的通过艺考可以上大学"是一种误解,艺术专业对文化素质的要求正日益提高。北京电影学院的艺术类专业招生,最近几年纷纷加重了高考成绩在录取中的比重。并且艺术高考竞争激烈程度也相当高。

首先像表演专业便是如此,专业考试需要经过"千里挑一"、严格把关的三试。只有通过三轮考试并且最终合格的考生才能有资格参加该校该专业的文化课考试。并且三轮考试,一轮比一轮激烈,一轮比一轮艰难。以北京的表演专业为例,每年每所艺术院校表演专业实际招生名额只有几十名,但平均报名人数却近万人,一试下来就淘汰了一半以上,竞争激烈程度可想而知。而且表演专业的录取也不同于其他专业,在参加完全国高考后,所有文化课过线的考生都是按专业成绩排名被学校择优录取的。

其次演员这个职业其实也并非人们想象中的那样简单容易。很多人都只看见了那些明星们在台前的光鲜亮丽和高收入,可是他们在背后所付出的超乎常人的努力与艰辛却少有人想到。从事演艺行业的人有千千万万,但在表演领域真正有了成就的表演艺术家或演艺明星,在这个庞大的职业群体中其实只是凤毛麟角、微乎其微。

所以当考生决定要报考这个专业的时候,一定要做好长期吃苦的准备。就像很多家长从小把自己的孩子送到少林寺学武,送到戏曲科班学戏,送到体校学习体育专业一样。表演专业的学习也是如此,比如常年如一日的练早功。俗话说"冬练三九,夏练三伏",人学后,这一点就曾被一些学生和家长不能接受。他们中多数人是怀揣着明星梦报考表演这个专业的,却从未考虑过在这个专业学习过程中所要付出的艰辛与从事这个职业时的艰难。

考生们一定要有这样的心理准备,成为明星的毕竟是少数人,更多的还是那些在这个行业领域里默默耕耘的人。

所以绝不要以为报考表演专业是考不上大学本科而投机取巧的捷径。在选择专业和学校时最重要的还是要根据自己的成绩和兴趣来决定。

5. 考生与考生家长的观念准备

(1)态度决定一切,树立良好的应试态度

招生考试最突出的特点就是"考试的一次性",是"一锤子买卖"。考试过程中如果有一次大的失误,或表现不好,就会影响全局,以至于被淘汰。

表演考试面试的时间很短,考生进入考官视野接受正面测试的时间大约仅有五分钟,就算加上对考生侧面考查的全部时间也可能不到十分钟。所以考生一定要十分珍惜这宝贵的十分钟。行话说"台上一分钟,台下十年功"。表演应试也一样"考场一分钟,场外十年功"。

在历年的考场上,笔者都发现过不少考生由于事先准备不足,以至于自选的一篇朗诵稿件或一首诗歌都背不下来、唱不完整。试想这样的考生怎么会有竞争力?

笔者建议,在考场上,首先考生要充满热情,排除各种杂念,全身心地投入考试。其次就是要充分认真地做好心理准备与专业准备。考试节奏很快,也没有重来的机会,所以珍惜好宝贵的十分钟非常重要。

考场上竞争非常激烈,几乎每个考生在考场上都会有些紧张,差别只在程度大小上。所以最好的办法就是,抛开杂念,以百分百的热情投入到考试中去。

同时这里笔者也建议考生家长在考试期间不要给自己孩子过大的精神压力,应该帮助孩子建立一个平和认真的考试心态。并且尽早为孩子做好考试规划,将更多的工夫花在基本功的训练上,不至于临到考试前才临阵磨枪。

(2)演员不能只讲漂亮,个性、气质与形象结合才最重要

纵观今日的舞台和银幕,无论是西方还是东方,受观众瞩目的表演艺术家或明星,不一定拥有漂亮或帅气的脸蛋,相反那些其貌不扬,但有着巨大人格魅力的演员,例如像国外的达斯汀·霍夫曼、罗伯特·德尼罗、阿尔·帕西诺、朱迪·福斯特、梅特尔·斯特里普等,国内的黄秋生、林永健、葛优、秦海璐等一批"其貌不扬,其戏诱人"的备受广大观众喜爱的实力派演员。

表演专业的招生也一样,考官会特别注意招收一些性格特点鲜明的考生。演员专业的要求是多元的,市场的要求也是多元的。影视与舞台剧所要反映的现实生活是纷繁复杂的,其中的人物必然也是特点不同、形象各异的。

因此,在招生考试中,考官既要考虑到各种形象和类型演员的需求,又要考虑到考生形象特点的内在气质以及身上所具有的表演素质,不能简单地以貌取人。单纯的外貌美要考虑,但演员所具有的内在气质和性格魅力,考官往往更看重。

长得漂亮固然不错,但是生活里的美并不等于艺术形象美。艺术作品中的人物形象,特别是生动、真切的舞台银幕形象,体现的是不同时代、不同社会的理想、愿望、意志和爱情,同时也反映着当今社会大众的审美趋向。

不过现在的影视文化越来越商业化,对男女演员的形象要求的确也越来越高。有一个出众的外表当然对日后的从业发展有帮助,尤其是相貌平平的女演员,靠自身的性格力量和演技来征服观众,很可能要经历一个更漫长的磨砺阶段才有机会让自己崭露头角。

形象和气质是挑选演员的主要因素,但不是唯一决定因素。要做一个专业演员,还要通过考试来考查考生具不具备当演员的其他基本素质。

(3)自信的建立

面对表演专业激烈的竞争,考生必须加强心理素质的锻炼。因为考试时只有充满信心,才能充分发挥自己的潜能。

表演的第一要素就是放松、自然。这句话说起来简单,可做到却非常不易。信心是以扎实的功底做基石的,如果考生缺少根基,只是临时抱佛脚,突击准备一两个月甚至四五天就去应考,在考场上心情紧张,缺乏自信那也很正常。所以考生平时一定要在专业课上多下些工夫。只有平时的工夫做足了,才会在考试时真正做到胸有成竹。

表演专业初试时人非常多,但如果你有积极的心态、自信的举止,相信会让疲惫的考官眼前一亮的。

同时应对考试时心态一定要调整好,不能标准太高、得失心太强,急功近利的思想必定会让自己变得浮躁,应抱着一颗平常心去应对考试。

首先一定要正确认识考场上考官对你的评价。有时考官对一些小失误的评语只是一种看法,并不一定会直接影响考官对考生的最终评判。所以在考场上,考生的心理不能太脆弱,太敏感,千万别太多心理负担,从而影响到考试的正常发挥。

还有一种情况就是考生在朗诵或表演小品时,考官会根据现场情况和考生数量等因素,在了解了考生的基本情况后叫停,而没有让考生把作品朗诵完或把小品表演完。考官的这个行为也不意味着对你表现的好坏评价,考生最好不要胡乱猜想。

(4)切忌盲目自信

还有一种情况,就是考生在考场上盲目自信,目空一切。不可否认,在考场上会出现一些没有充分准备就盲目参加考试的考生,但是他们通常在一试时就会被淘汰出局。能留下来参加接下来考试的大都是有备而来的。即便你所在的考试小组中,其他组员的实力没你强,也不代表你就是所有小组中的佼佼者,所以切记盲目的自信,这样同样会遭到考官的反感。

6. 不同生源的正确应试心态

不同生源主要是指学习过表演专业的考生与没有学习过表演专业的考生,还有就是学习过其他艺术门类的考生。

表演专业的考试,在考官心中的理想状态是希望考生每人都是从零开始的,即一张白纸。因为人们只有在白纸上才能画出最新最美的图画来,所以考官希望考生最好什么都没学过,这样自然也不会有任何毛病,如果同时还具有良好的自身条件与表演潜质那就更好了。但是坦白讲,这样的考生在考场上难得一见。

(1)未接受过艺术专业训练的考生的应试心理

在目前报考表演专业的考生中,高中应届生占了很大一部分比例。这批考生的共同特点是大多数人没有接受过专业的表演训练,绝大部分只是在考前作了一些强化突击训练或是利用高中课余时间找专业老师进行过一些辅导。这些考生,在考试的过程中往往会显得不够自信,总觉得自己在那些艺术类中专、艺校的学生面前缺少竞争力。

其实不然,虽然那些艺术类中专、艺校的学生学过三年左右的表演,但是未必就一定比没学过表演的考生具有竞争力。作为考官,一般不会将学过表演的考生与没学过表演的考生拿来进行横向比较的。通常考官对这两类考生的评判标准也是不一样的。

表演专业的招生最注重的还是素质考查。因此,希望高中应届生们不要有任何心理负担,并且要知道你们的优势比起那些艺术院校的学生,在于你们有更好的文化课基础。像当今的金马、金鸡双料影帝刘烨在报考中央戏剧学院的时候就是一名普通高中生。当年的主考官从他身上发现了淳朴憨厚的气质与认真执著的好学态度,再加上经过多项考查,觉得他具有良好的从事表演这个职业的素养。因此才将这颗日后璀璨的明星招入了中央戏剧学院。

(2)接受过其他艺术门类学习的学生的应试心理

在表演专业的考生中还存在着相当一部分学习过其他艺术门类的学生,例如曾经学过声乐、舞蹈、戏曲、杂技等这些艺术门类的考生。这些考生中有很多都错误地认为自己学过的专业会与表演专业相冲突,甚至认为自己养成了不好的"毛病"会被考官所不接受。

其实,无论你之前学过什么样的技能,都不应成为你学习表演专业的负担。在考试中考官会认真对待每一名考生的,他们也一定会非常负责任地对考生不同的情况进行全面细致地考查,绝不会耽误那些原本有才华的考生。

其实所有艺术都是相通的。就目前演艺圈看,很多成功的一线演员都有过学习别的专业的经历。以中央戏剧学院表演系1996班招生为例。全班八个女生,四个之前是学舞蹈的,另四个是学戏曲专业的。此班的主讲教师——那次招生的主考官常莉老师,可以说也是在传统招生观念的基础上做出了大胆的尝试。常老师认为,只要考生身上具有良好的艺术素质,在表演方面具有一定的领悟性,而且以前所学的专业也没有在考生身上留下根深蒂固的缺陷。这样的考生通过努力,一样能成为一名好的演员。果然不负常老师所望,这个班的八个女生现今已成为中国影视圈年轻女演员的领军人物,她们是章子怡、梅婷、秦海璐、曾黎、袁泉等。像章子怡正是凭借学习表演专业之前良好的舞蹈功底,为她日后出演大量的武侠电影奠定了良好的基础。

(3)艺术中专或者艺校学习过表演的学生的应试心理

那么对于那些在艺术类中专、艺校学过表演专业的考生而言,更应该认真对待考试。因为考官是拿准专业的标准来衡量这些考生的。如果在考试过程中暴露出你在专业学习上的一些比较明显的缺点的话,那么考官有可能会认为你在中专、艺校三年的学习都没有克服掉的缺点,在今后四年的大学生活中也未必能克服掉。因此学过表演的考生应该更加严谨地准备考试,力争将自己在表演专业上的素养全面展现给考官。使考官能感受到你通过两三年的学习已经具备了专业素养,虽然还处于稚嫩期,但是具有良好的发展潜质。

7. 考生以什么形象示人最好

(1)真实、自然、健康最重要

考试时考生们都希望把自己最美好的一面展现给考官,于是有些考生就对自己的外表可谓花尽了心思。美容、美发手段全都用上,有女孩甚至还化过新娘妆到考场,脸上粉底厚厚一层,眼线、眼影也都很夸张;还有男生穿着时下流行的哈韩哈日的服装,全身挂满饰品,走起路来叮叮当当,头上留着蓬乱的像是被电击过的发型;也有考生穿得过于正式,西装革履,打着领带,踏着锃亮的皮鞋。

殊不知这样的装扮反而把年轻人最真实、自然、质朴的东西给掩盖掉了,显然这会影响考官对你的印象。历年考场上都会有浓妆艳抹的考生被考官勒令洗完脸后再来面试的事。许多考生洗完脸后可谓洋相百出,双眼皮单了,粘的假睫毛也掉了,黑着眼圈,皮肤也黑了。考生自己的情绪也受到很大影响,当然也就直接影响了考场发挥。

并且着装不当可能还会引发更严重的事件。有一年,有个女生为了增加自己的身高穿着内置高跟鞋来参加考试,在形体考试时要完成跳跃的动作,造成膝盖严重损伤,最终不得不停止考试去医院治疗。

所以返璞归真反而是最好的,考官希望考生能以最真实、自然、健康的形象来展示自我。另外考生也千万别以"奇""异""怪"来突出自己,以此获取考官的注意。很多考生在参加考试的时候,把自己打扮得奇异、抢眼,想以此博取老师眼球,且不知这种矫揉造作或者故作姿态一样会令人反感。

(2)衬托出最好的自己

女生,有的可化点隐形妆;有的可能略施粉黛,才能衬托出自己的光彩。但这也是因人而异,因为有的人根本就不需要化妆,化妆反而会掩盖原本的自然美。

男生则以干净整洁为主。着装一定要根据自己的身材比例、肤色、气质以及外形、脸型来搭配。行为举止掌握落落大方、青春阳光的原则。

此外,如果你是近视眼,在考场上最好不要戴眼镜,因为戴眼镜就等于告诉考官你的眼睛是近视的;平时喜欢戴帽子的考生,进考场一定将帽子摘掉,以表示对考官的尊重;刘海过长的考生,最好把脑门露出来,便于考官观察你的五官脸型。表演考试时间一般都处于冬季,考生的着装一般都比较厚实臃肿,在进入考场后考生应该将外套、围巾都脱掉,把自己的身形展现给考官。

8. 严格遵守考场纪律

考场绝对不能迟到早退;考场不得交头接耳与喧哗;要关闭手机;在场外备考时不得接受非本组考生以及亲朋好友的指导等。总之要严格遵守考试纪律,一定要比准考证上的时间提前半小时到达考场进行候考。

初试、复试结束时,各考场主考官都会在现场宣布看榜的时间。考生一定要严格按照看榜时间来看榜并及时办理考试手续。

大城市上下班时间路面交通非常拥堵,为保证准时考试、看榜,望考生与家长能提前出发赶往考点,以免迟到影响考试。每一试结束时千万别忘从考官手中要回自己的准考证,因为准考证是每次办理考试手续的凭证,直到最终录取都要以准考证为凭证。

9. 尊敬考场内外的每一个人

考生要知道,当你跨进报考院校门槛的时候,考试就已经在你身上悄悄开始了。你报名时周围站的可能就是你的主考老师,候考时见到的人可能就是学校领导。所以,进入学校后,你不能忽略任何人,尽可能对所有人热情、大方、有礼,以便给人留下好的印象。

在考试过程中,同组其他考生如果出现失误或是出了洋相,千万不要取笑别人。在考试过程中,学会微笑示人。微笑能使人放松,能拉近人与人之间的距离。微笑不仅能使自己解除心理的紧张,也能给考官和其他人留下很好的印象。最后一个离开考场的同学不要甩手而去,要记得把门轻轻关上。

在考场外,如遇到考官不要躲避或置之不理,应主动与考官打招呼,使用文明礼貌用语。与考官同时进出楼门或电梯时,应学会主动谦让。

10. 从你走进报考学校的那一刻起,就要注意自己的一言一行

我们说考场内是考试,考场外同样也是考试的序幕和考试的延续,考生也要特别警醒。当你在乱哄哄的人群中候考时,可能就有好几双犀利的眼睛在暗处观察着你,所以候考时你一定要积极配合考场外工作人员的指挥调度。

有些考生眼里只有考官老师,以为工作人员都只是打杂的,因而不很尊重他们。其实考生很多考场外的表现照样可以反映到主考官那儿去,甚至一样会影响考试成绩。

笔者就见过这样的一个案例。有一年在考场外的候考区,饮水机前排队打水的人很多,但是有一名考生居然旁若无人、毫不谦让地抢先去打水。他的这个行为被候考室的工作人员看在眼里,最终反映到了考官那里。显然这样的考生,我们是不会录取的。因为这件小事反映出这名考生缺乏最基本的道德素养。

进入考场后,考官更是在对你进行全方位的观察。除了考查你做演员的基本素质外,也会注意你行为举止的细枝末节,甚至你不经意间的眼神。考试时,当同组的其他考生在考试时,一定要保持安静,不可东张西望、交头接耳或自顾自准备自己的考试材料,这些行为都是对其他考生的不尊重。

演小品过程中换布景、换道具,一定要积极主动去帮忙。有一次笔者在做考官时就出现过这样一种情况:当一个小品演完后,场上表演的考生全都若无其事地走下了舞台,却没有一个人去理会那散落了一地的道具景片,最后还是由下一组演小品的考生把那些道具景片收归原位的。因此,前一组考生给考官们留下了极其不好的印象。

考生要知道,在考试时,考官对考生本人及人品的重视有时往往比考查考生专业还重要。

11. 尽可能使用普通话

做演员要求说普通话,因为将来无论你是在影视剧平台还是在话剧舞台上塑造人物形象,大多时候需要说普通话。对演员来讲,台词和形体是表演的两大支柱。所以,表演专业的招生都要求考生说普通话,在讲普通话的基础上考查你的语言表达能力。朗诵和小品都要求如此。一些口音较重的考生,要在平时的准备过程中练好普通话。这样,你将来在考场上才能够提高自己的竞争力。

另外,在近些年的招生考试考场上,我们经常遇到一些考生刻意模仿"港台腔"。或许这与他(她)们现在接触的传媒信息有关。但这不是演员的语言标准,所以如果你有这种习惯,最好尽早改正过来。

12. 注意对考官的称呼

在考试期间望考生能够以真诚、真实的心态来面对考试,切勿油腔滑调、哗众取宠。在考场最好称呼所有考官为"老师",不要受"超女快男"等时下竞赛类电视节目的影响,称呼老师为"评委"。因为我们所处的环境是高等学府的考场,并不是某某大赛的直播现场。

13. 记得带着自备小道具进考场，同时学会利用考场上的大道具

初试与复试的考场可能会比较简陋，不会提供给考生过多的积木块、屏风或门窗等景片。因此，在完成表演考题的时候，为了避免长时间的无实物练习给自己带来不自信，考生可以在进入考场前自己准备一些随身小道具以备考试之用。若利用好了这些小道具，一定可以让你的表演更加真实丰富。

笔者建议考生在随身携带的包里放上笔、眼镜、毛巾、水杯、报纸、杂志、书本、相框、化妆盒、小包纸巾诸如此类的在考试中可能会用到的小道具。

另外，在表演考试中，考生要懂得如何利用考场有限的布景和道具来布置自己的表演环境。在考场上笔者常能碰到一些不善于利用道具布景营造表演环境的考生，以致上台后在表演时因没有支点显得连手脚往哪放都不知道。我们常说只有活生生的环境，才会有活生生的人物，活水养活鱼。营造一个好的环境不仅使人看上去显得舒服，更重要的是能激发你的创作想象，有时环境是可以替演员说话的，它能为演员的表演创作注入一种活力。

各位考生都是表演方面的初学者，大表演环境的营造与小道具的合理使用，一定会帮助考生建立表演的自信与表演的真实感。

14. 使用道具时需要注意的细节

不宜带过大过笨重的自备道具进入考场考试；自备生活小道具使用完后，别忘了带离考场；若使用考场内设施做道具，首先应征得考官同意，用完后一定要归还原位。

表演过程中如将纸屑等物撒落地面，或打破易碎物品，在表演结束时要主动清扫；切勿向考官索取他本人的随身物品，像水杯、眼镜盒、笔、书本等作为道具使用，这样会显得对考官不够尊重。

15. 学会适应不同的考场环境

在你的考学过程中，你可能会面对环境设施各异的考场。每个学校的考场环境都不尽相同。尤其是在外地设点招生的院校，通常是租借当地的学校或单位的房子做考场。由于每年参加考试的考生较多，一般初、复试的考场都是在相对较小的表演课教室进行。一般一组就会进去16个左右的考生，那么教室空间自然就显得更加狭小。环境小考生多，在此时，考生千万别给自己太多压力，从而让自己更加压抑，以致影响到考试。

现场考试环境与考生的想象可能有一定差距，这点在形体考试与表演考试中尤其突出。这时你应马上根据现有条件与环境对自己准备的内容进行合理调整，尽可能在有限的条件下展示出自己的才华。千万别向考官解释因为教室小，所以影响自己发挥这样的理由。

通常各院校的三试都会放在一个较大的空间内进行。三试中的考查项目也比较繁多,各个专业的考官都要参与评判打分。环境变大了,考官变多了,甚至打上灯光,架上摄像机,这同样也容易让考生产生紧张情绪,注意力不容易集中起来。这时考生千万别让这样的情绪弥漫下去,应迅速镇定自己的情绪,适应眼前的新环境,把注意力高度集中起来,以最佳状态投入到三试中。

另外无论什么样的考场,在你朗诵、唱歌、跳舞与表演时,要注意考官对你的欣赏距离,不可太近也不可太远,最好严格按照考官划定的表演区域进行表演。表演过程中,也要根据考场环境的大小,随时调整自己的形体幅度与声音强弱等等。

16. 如何解决紧张的问题

这几乎是每个考生都无法回避的问题。

排除杂念,集中注意力是笔者认为最好的应对紧张情绪的办法。

经常有一些考生在考试前或者考试中处于高度紧张状态,有些考生甚至会腿打哆嗦,说话也变得不利索起来。那么到底该如何克服这样紧张的情绪呢?

笔者认为紧张情绪是由于杂念太多造成的,所以考生首先应该学会的就是如何把注意力集中到你将要面对的事情上。杂念过多主要是由于考生"关注"的东西太多造成的。最好的办法就是抛开所有杂念,尽量把所有的注意力集中到考试本身上,仔细思量自己准备的内容。只有这样,你才会使自己不去想那些和考试无关的事情,紧张的心理也会渐渐消除。

另外一些小技巧:紧张时不妨多做深呼吸;不敢看考官眼睛的时候,不妨尝试去看考官头顶上方一寸的位置;考试过程中不妨多微笑,用自然的笑容缓解自己的紧张,这样也会让别人不易观察出你内心的紧张。

17. 在考场上,考生应注重与考官眼神的交流

眼睛是心灵的窗户,很多考生由于过分紧张,在考场上总是眼神飘忽,不知该往哪看,还总回避考官的目光,甚至连看都不敢看考官。这样的举止有时很容易引起考官的误解,考官会以为这是你不屑一顾的态度。

其实与考官正常的眼神交流还是很有必要的,这能使有经验的考官从与你的眼神交流中对你有进一步的了解与认识。所以如果可以的话,尽量不要躲避考官的注视,应选择真诚地回应。

18. 正确认识考官心理

考生的艺术感觉如何,这是面试时考官很看重的一个方面。考官想通过考生对艺术表现出来的最感性、最自然的反应,来考查学生对艺术和生命是否有独到的领悟和理解。不过这样的艺术素养需要考生多年的生命积累、艺术积累以及家庭艺术氛围的熏陶。

很多考生在考试过程中喜欢察言观色,对考官的面部表情格外注意,想以此来判断考官对自己的表现是否满意。其实大可不必。作为一个有经验的考官,是不会在考场上将自己的喜恶溢于言表的。

(1)面对考官的微笑:鼓励和礼貌的微笑

有很多考生都因为考官对自己笑了,就变得信心十足、兴奋不已。其实许多考官,为了缓解考场紧张凝固的空气,他们会对每一个考生微笑。所以通常考官的微笑只是鼓励式的。并且每年的招生考试考官都会碰见许多对艺术执著热情的考生,考官也常被这些年轻的生命气息所感染,因此有时在与你近距离擦肩而过时,有时也会对你投以礼貌式的微笑。尤其是对那些因为种种原因头一年没考上,第二年又下决心来报考的考生,考官也希望他们通过一年的努力在第二年能有更好的发挥,所以考官通常也会用微笑鼓励他们。

(2)面对考官的不苟言笑

也有一些考生会有这样的反应:说他在考试过程中,考官始终没有对他笑过,甚至都没抬眼看过他,所以他想自己一定是考砸了。

其实这些都是多虑的,要知道在初试与复试期间,考官的工作量是非常繁重的。工作时间经常会超过12小时,尤其是到了下午的后半阶段,考官们通常会进入一个疲劳期,脸上的笑容也逐渐消失了,身体有时也会倚靠在桌子或椅子上。不过考官仍然在对每个考生的情况进行记录打分,只是眼睛注视考生的时间减少了一些。有些有经验的考官常常是在听考试而不是在看考试,他们为了不错过一个好"苗子",精神都是高度集中的。

所以希望广大考生在考场上不要对考官有没有注视你,有没有对你微笑太过在意。你要做的只是集中注意力到考试中,发挥出自己的最好水平就好了。

(3)面对考官的额外要求

在考试过程中,考官还有可能会把一些考生叫到近处详细观察一下。考官这样做,通常是想看看考生眼睛的近视程度,有没有斜视,脸型对称程度,脑门窄不窄,牙齿整不整齐,是否化了眉毛与眼线等。所以在这个时候,考生没有必要有什么顾虑,只要大大方方地面对,积极配合考官就好。

19. 考场上的禁忌

(1)察言观色:有些考生考试时不把注意力投入到考试中去,总是不由自主地去看老师的脸色,观察老师的反应。以这样的状态对待考试,肯定会影响自己的正常发挥。

(2)声音太小,或者口音浓重,也会影响到考官对你的评判。

(3)在考试过程中,不用心选择站位,背对考官。

(4)考试时,不能拿出自己的热情,表现刻板冷漠也不足取。只要进入考场,不管遇到什么样的困难,都应拿出你的热情来认真对待。

(5)过于表现自己,以至于表现得过于夸张。例如故意选择那些所谓有难度的角色来引起老师对自己的注意,比如声嘶力竭,或者演一些瘸子、瞎子,或者一些很不寻常的角色。认为什么有难度就演什么,什么歌难唱就唱什么,什么舞难跳就跳什么,这都是考生对专业考试认识上的一些误区。

20. 各艺术院校表演专业的考试风格和考题

这是一个很多考生都非常关注的问题,每每被考生问到这个问题的时候,笔者也总觉得没法用一个准确的概念,把现今的几所著名艺术院校表演专业的考试风格给严格区分开来。其实就目前北京的几所知名艺术院校,不管中央戏剧学院、北京电影学院,还是解放军艺术学院及中国传媒大学的表演专业,其实就招生考试来说,对考生的基本评判标准还是统一的,各学校的考试风格并没有多明显的区别。表演专业考试注重的还是考生的基本素质,就演员的基本素质而言,主要侧重于对信念感与想象力的考查。

至于考题,其实各院校的考题也都如出一辙,大同小异。近二十年来,各院校的考题并没有发生很大变化,笔者对此也在表演命题题库中做了一些归纳,可以说万变不离其宗。如果把那些考题都掌握住,不管应对哪所院校的考试都不会有太大问题。

同时说明单人小品的考核在表演考试中并不常见,考试大都通过集体小品和双人或三人的交流小品来进行考查。除非个别情况,当考官需要对某个考生的表演潜质进一步了解时,可能会通过单人小品的形式进行再考查。

五、各艺术院校报考咨询通讯录

中央戏剧学院

地址:北京市东城区东棉花胡同 39 号

邮政编码:100710

联系电话(010)64040702

学院网址:http://www.chntheatre.edu.cn/

北京电影学院

地址:北京市海淀区西土城路 4 号

邮政编码:100088

联系电话:(010)1606600,(010)82048291

学院网址:http://www.bfa.edu.cn/

中国传媒大学

地址:北京市朝阳区定福庄东街 1 号

邮政编码:100024

联系电话：(010)65779370,(010)65779134(传真)
本科招生网址：http://zhaosheng.cuc.edu.cn/
校园网网址：http://www.cuc.edu.cn

中国传媒大学南广学院
地址：江苏省南京市江宁科学园弘景大道 3666 号
邮政编码：211172
联系电话：(025)86179886,(025)86179887
学院网址：http://www.cucn.edu.cn/

中国戏曲学院
地址：北京市丰台区万全寺 400 号(菜户营桥丽泽桥之间)
邮政编码：100073
联系电话：(010)63337054
网址：http://www.nacta.edu.cn/

北京师范大学
地址：北京市新街口外大街 19 号艺术与传媒学院
邮政编码：100875
联系电话：(010)58809248
e-mail：antbnu@163.com

解放军艺术学院
地址：北京市海淀区中关村南大街 18 号
邮政编码：100081
联系电话：(010)66869061(地方线) 0201-869061(军线)
e-mail：webmaster@chinaedunet.com

北京舞蹈学院
地址：北京市海淀区民族大学南路 19 号
邮政编码：100081
联系电话：(010)68935691
传真：(010)68451413
网址：http://www.bda.edu.cn/

上海戏剧学院
院本部地址：上海市华山路 630 号(或延安西路 355 号)；

莲花路校区：上海莲花路 211 号；
虹桥路校区：上海市虹桥路 1674 号
邮政编码：200040
联系电话：(021)16883216
本院网页：http://www.sta.edu.cn/

上海师范大学谢晋影视艺术学院
地址：上海市桂林路 100 号
邮政编码：200234
联系电话：(021)64322695
网址：http://xiejin.shnu.edu.cn/

南京艺术学院
地址：南京市虎踞北路 15 号
邮政编码：210013
联系电话：(025)83498055
网址：http://www.njarti.edu.cn/

山东艺术学院
地址：济南市文化东路 91 号
邮政编码：250014
联系电话：(0531)86522028(86423300)
网址：http://www.sdca.edu.cn/

新疆艺术学院
地址：新疆乌鲁木齐市团结路 734 号
邮政编码：830001
联系电话：(0991)2572010
网址：http://www.xjart.edu.cn

云南艺术学院
地址：昆明市麻园 9 号
邮政编码：651101
电话：(0871)6249078
网站：http://www.ynart.edu.cn/
e-mail：webmaster@ynart.edu.cn

四川师范大学电影电视学院
地址:成都市金牛区华严路 89 号
邮政编码:610036
电话:(028)87512806,(028)87516263
e-mail:hyw@vip.163.com

重庆大学美视电影学院
地址:重庆市沙坪坝区沙丘街 174 号
邮政编码:400044
电话:(023)65111919,(023)65106258
传真:(023)65105671
网址:http://www.msfilm.cqu.edu.cn/

吉林艺术学院
地址:吉林省长春市自由大路 11 号
邮政编码:130021
电话(0431)5677831
e-mail:jlysxyghl@163.com

浙江传媒学院
地址:杭州市下沙高教园区学源街 998 号
邮政编码:310018
电话:(0571)86832033
网址:http://www.zjicm.edu.cn/

深圳大学
地址:广东省深圳市南山区南海大道 3688 号
邮政编码:518060
电话:(0755)26536114
传真:(0755)26534482
网址:http://www.szu.edu.cn/

天津师范大学
地址:天津市西青区宾水西道 393 号
邮政编码:300387
联系电话:(022)23766666

广西艺术学院

地址：广西南宁市江南区明阳工业园

邮政编码：530022

联系电话：(0771)-4212633

e-mail：gxaizsb@163.com

大连艺术学院

地址：辽宁省大连开发区东北大街92号

联系电话：(0411)87614578

附录二　考试心得

不断揣摩，不断总结
唐加思

弯弯手指，参加艺考的那幕情景居然已经是六年前的事情了……

曾经，在同届艺校生都在踌躇着毕业后是就业还是继续升学考试的问题时，我毅然选择了继续求学这条道路。因为从小我就一直有一个梦想，那就是去北京读大学。虽然小孩子的梦想总会变来变去，但这个梦想却始终未曾改变。或许就是这种坚持，让我坚定地来到了北京！

北京，一个陌生而又亲切的城市。我和一起来参加考试的同学住在同一个宾馆。整一层楼几乎全是我们这些考生，每天都有人在楼道里练声、练台词、练舞蹈，反正一切关于专业考试的项目，我们都在积极准备，有时也会互相交流备考中遇到的问题。

当年我报考了四所专业院校：中戏、北电、广院（上学后更名为中国传媒大学了），还有国戏（中国戏曲学院）。早就耳闻每年表演专业考试都是人山人海，眼见为实，真的一点儿都不夸张。我这个湖南小个女孩，站在人群里显得并不打眼。

第一场面临的考试是中戏的表演初试。我们排队进教室，两排考生面对面分别坐在教室两边，挨个进行考试。每个人上去先报考号、姓名、身高、来自哪里等。看着马上要轮到自己时，心里渐渐变得紧张起来，手心一直在冒汗。

其实我在艺校已经学习了四年音乐剧专业，按理说还是得到过一些锻炼，演出时都没考试时这样紧张。于是我不断深呼吸，走上台的时候，脑子里闪出老师对我说的话"首先把那几步路走好，站定再说话"。我这样做了，然后才开始自我介绍，结果还比较从容，也没再像之前那样紧张了。

接下来是表演考试,题目我还记得。老师在场上准备了一个方墩,让我们每个考生与方墩产生联系和关系。听到这个题目后,我设想了一个很普通也比较简单的情节,让自己和方墩合理地联系在一起。在其他考生表演时,我反复揣摩我的那个设想是不是成立,反而没有花心思去想该如何把设想更好、更真实地表达和传递出来。

到我了,我"进到一个房间,发现房间灯是灭的,反复开关了几次,灯都没有亮。于是我想可能是灯泡出了问题,就去搬了一个凳子(就是那个方墩),踩在上面把灯泡卸下来看,发现灯丝烧黑了,于是又去拿了一个新的换上。然后再试开关,灯亮了。"按照之前的设想,我看似顺利地表演完了。不过考官叫住了我,他问:"灯泡烫不烫手呢?会不会是一直点着的灯突然坏了呢?"

我下意识地解释说:"我是刚到这个房间,刚开灯,灯泡是凉的。"老师笑了,对我说:"那现在再来一次,发现一直亮着的灯灭了,好不好?"我说好。后来我照着老师的提示又表演了一次。演完,老师很和蔼地对我说:"如果刚才你的设计再细腻一些,是不是会更好呢?比如你会不会先试着用衣袖去包那个灯泡,后来发现不行,再去寻找别的办法等等。小品虽然展现的是一件很小的事情,但仍有很多值得研究的细节。"我点头……感觉上了一堂真正的表演课!

回到住处,我一直忐忑于考试没有表现好。晚上躺在床上,看着天花板一直在回想考试的事,还有考官老师说的那几句话。细腻,怎么细腻?突然有了一股冲动,想再试一下。正好只有我一个人在房间,于是起身,找了个凳子,开始去够宾馆天花板上那个大圆灯,这才发现原来我根本够不到那个灯,后来找了几本书垫在脚下,才算碰到灯。

有了这个体验后,我开始继续丰富自己的行动。我想,我到这个房间原本是打算做什么的?后来发现灯坏了,要换灯泡,也许中间还发生了一些其他状况,比如找不到新灯泡,或者我又要用到这个凳子去一个高处找灯泡等等。于是我不断在表演中给自己设置一些小障碍,慢慢丰富表演内容。渐渐地,我觉得自己开始领悟考官对我说的话。再之后的每一次考试,也都是如此,我总能在表演上收获一些什么,虽说不一定很通透,但我开始觉得考试不再那么可怕和令人紧张。正是带着这样点滴的积累和收获,最终,我幸运地成为了中国传媒大学2004级表演本科班的一员。

"做真实的自己,尽情地投入和享受每一次表演;真实而生动地表现生活;把每一次表演考试当成一堂表演课,不断在脑海中梳理和总结自己的表演,看有没有值得保留的优点或应该继续揣摩的不足等等。"我想,这大概就是我自己对于考试的心得吧!

最后,想借用前辈说过的一句话:每个人天生就是演员!因此,我们应该更有信心!祝福所有怀着梦想和热爱表演的同学,祝大家都能如愿以偿走进表演艺术的殿堂!

唐加思,中国传媒大学影视艺术学院表演专业2004级本科生,现就职于中国儿童剧院。凭《夏天有风吹过》获长春电影节最佳女配角奖。

接住对方抛来的"球"

袁菲

2004年,我幸运地考入了中国传媒大学的表演本科班,成为了一名艺术院校的大学生。

记得是在那年的三月初,还是一个乍暖还寒的日子。我和千千万万怀揣明星梦的少男少女们一样,聚集在艺术殿堂的大门口。也许是因为我是舞蹈演员出身的缘故,在许多看似有备而来的考生旁边我显得有些缺乏信心,不过同时也激发了我奋力一搏的决心,在心里希望自己能把最好的一面展现出来。就这样,在经历了初试、复试的紧张后,我有幸进入了三试。

走到这一步应该说离成功只有一步之遥啦。不过此时的竞争也最为激烈,因为能进入三试的考生都是过五关、斩六将的高手呀。想起这个,我便尤为珍惜这样的考试机会。

三试给我留下了深刻的印象,现在回想起来都记忆犹新。特别是命题小品的表演。记得当时老师是随机叫我和另外一个男生做搭档的,还让我们在小品开始前说三声"你不要走啊",然后才正式开始小品表演。

当时老师的点将让我很意外,我还是有生以来第一次和一个素不相识的男生,而且是在没有剧本,甚至没有商量过一句话的情况下开始表演的。我当时真的很慌乱,不知道该如何是好。但是时间紧张,不可能想太多了,于是我大喊了三声"你不要走啊"。和我搭戏的男生很快就回应了我,他说:"我不爱你了,我们分手吧!"就这样一句话,一下子让我明白了他的意思,也让我找到了感觉。我明白了,他设定的关系是情侣。我立刻边思索,边去适应对手,根据对方的台词和反应来进行真实有效的交流。那个男生也非常配合我,我们合作得非常默契。在最后,我甚至还因为入戏而流下了眼泪。老师也被我们感动了,一直没有打断我们的表演,直到最后,男生以丢下我离开作为小品的结束。表演结束后,老师对我俩的表演给予了鼓励。

这次表演经历令我非常难忘,因为表演是我们毫无准备的情况下开始的。虽说刚开始有些慌乱,但是在正式进入表演后,我们都没有太过于紧张,都在尽量适应对方,并仔细感受对方传递出来的信息,然后把情节更为合理地发展下去,从而最终成功地完成小品。

通过这次表演，以及之后的学习，我终于明白，在表演中不管有无剧本，认真听对手在讲什么，感受对方的情绪，接住对方抛来的球是多么重要。这一点，直到现在还影响着我的影视表演，并且在实践中，我还在不断加深对于这点认识的理解和体会。

袁菲，中国传媒大学影视艺术学院表演专业2004级本科生，现为华谊兄弟传媒签约艺人。曾荣获上海电视节最佳新人提名，星锐榜2009年最佳新人奖。主要作品有《我的团长我的团》《天师钟馗之美丽传说》《腰鼓传奇》《戏缘》《欢喜婆婆俏媳妇》《无心男人》《家有父母》。

图书在版编目（CIP）数据

表演专业考试完全攻略 / 曹俊编著 . —北京：北京传媒大学出版社，2010.6
（2019.4 重印）
ISBN 978-7-81127-957-3

Ⅰ．表… Ⅱ．曹… Ⅲ．①表演学—高等学校—入学考试—自学参考资料
Ⅳ．① J812

中国版本图书馆 CIP 数据核字（2010）第 102171 号

表演专业考试完全攻略
BIAOYAN ZHUANYE KAOSHI WANQUAN GONGLUE

编　　著	曹　俊
责任编辑	刘大年　聂新兰
责任印制	刘　莎
封扉设计	阿　东

出版发行	中国传媒大学出版社
社　　址	北京市朝阳区定福庄东街 1 号　邮编：100024
电　　话	86-10-65450532　65450528　传真：65779405
网　　址	http://www.cucp.com.cn
经　　销	全国新华书店
印　　刷	北京玺诚印务有限公司
开　　本	787mm×1092 mm　1/16
印　　张	9.5
字　　数	187.4 千字
版　　次	2010 年 10 月第 1 版
印　　次	2019 年 4 月第 6 次印刷
书　　号	ISBN 978-7-81127-957-3/J·957　　定价 28.00 元

版权所有　　翻印必究　　印装错误　　负责调换